자이브편

스포츠 댄스

한 명 호 지음

전원문화사

책을 내면서

연기나 안개가 끼어 있듯 어느 한 부분, 아니 어쩌면 그보다 더 많은 부분이 자욱하였을지도 모를 댄스에 대한 인식이 "어느 세월에……." 하는 통념적인 사고방식에서 이제는 급속도로 "이렇게도 되는구나." 하는 식의 긍정적인 방향으로 바뀌어 가고 있다.

마냥 구태의연하게만 느껴지던 답답하고 잘못된 고정관념들이 너무나도 빠른 속도로 버려지고 있다.

댄스가 포용하고 있는 많은 장점 가운데, 워킹과 스트레칭에 대한 관심이 높아지면서 그 근본이 '댄스'에 있다는 사실이 점차 확산이 되면서 정통 볼룸댄스의 명칭이 이제는 '스포츠 댄스'로 점차 바뀌어 거의 정착되어 가고 있다는 사실만으로도 스포츠 종목으로서 조금도 손색이 없다는 증거가 아니겠는가?

아시안 게임, 올림픽 종목에도 채택이 되었으니, 이제 그 이상의 어떠한 설명이 필요하겠는가?

많은 종목의 춤 종류 중에서, 현재 국내에서 일반인들에게 가장 많이 보급이 되어 있는 '자이브'에 대한 책을 다시 펴내게 되어 실로 벅찬 마음을 어찌 표현해야 할지…….

1988년에 펴냈던 《자이브》 책을 보완에 보완을 거듭하고 나니 이제는 어느 정도 불안했던 마음이 조금은 사라지는 것 같다. 아직도 만족스럽지 못한 면도 있겠지만 최대한의 정열과 정성을 깃들인 책이라 나름대로 스스로를 위안하고 싶다.

국내에서 보급되는 '자이브'의 가장 큰 문제점은 지도교사들의 이론에 대한 관심 부족으로 인하여 여러 형태의 변형된 모습들이 지나칠 정도로 난무한다는 것이다. 이에 본인은 좀더 정확한 '자이브', 더 나아가서는 댄스에 대한 본질적인 모습을 관찰하는 태도를 갖추기 바라는 마음에서 '원서'의 정확한 해석과 실전에 있어서의 약간의 융통성에 주안점을 두어 서술을 하였다.

책으로의 설명에 한계가 있음을 새삼 느끼면서도 최소한 이 정도 이상은 하는 열과 성의로 최선을 다하였다.

생활의 활력소로서, 건강의 파수꾼으로서 많은 기여를 할 것으로 생각하며, 건전한 취미생활 스포츠로서 댄스가 올바르게 자리잡기 바란다.

독자 여러분의 건강과 행운을 기원하며…….

1999. 가을

한 명 호

차 례

책을 내면서 / 3

스포츠 댄스/자이브 / 9

자이브에 사용되는 여러 형태의 홀드와 자세 ········ 10
- 클로즈(드) 포지션(Close(d) Position) ········ 10
- 오픈 포지션(Open Position) ········ 11
- 섀도 포지션(Shadow Position) ········ 14
- 사이드 바이 사이드 포지션(Side-by-Side Position) ········ 16

자이브(Jive) / 19

자이브(Jive) 리듬 ········ 20
- 자이브의 올바른 율동적인 표현은 어떻게 해야 할까? ········ 21
- 샤세(Chasse) ········ 22
- 발놀림(Foot Work) ········ 23
- 자이브 자세 및 잡는 방법(Hold) ········ 26
- 카운트 ········ 26

자이브에서의 워킹(Walking) ········ 28
- 자이브에서의 워킹 연습 ········ 29

샤세(Chasse) ········ 31
- 왼쪽 샤세(Chasse to Left) ········ 31
- 오른쪽 샤세(Chasse to Right) ········ 34

자이브/초급(Bronze) / 37

1. 폴 어웨이 록(Fall Away Rock) ··· 38
2. 폴 어웨이 스로어웨이(Fall Away Throwaway) ··· 46
3. 링크(Link) ··· 53
4. 체인지 오브 플레이스 라이트 투 레프트 (Change of Places Right to Left) ··· 61
5. 체인지 오브 플레이스 레프트 투 라이트 (Change of Places Left to Right) ··· 65
6. 체인지 오브 핸즈 비하인드 백 (Change of Hands behind Back) ··· 72
7. 아메리칸 스핀(American Spin) ··· 82
8. 프롬나드 워크(Promenade Walk) ··· 90
9. 윕(Whip) ··· 98

자이브/중급(Silver) / 105

1. 윕 스로어웨이(Whip Throwaway) ··· 106
2. 스톱 앤 고(Stop & Go) ··· 111
3. 윈드밀(Windmill) ··· 118
4. 스패니시 암(Spanish Arm) ··· 125
5. 롤링 오프 디 암(Rolling Off the Arm) ··· 133

자이브/상급(Gold) / 143

1. 심플 스핀(Simple Spin) ··· 144
2. 치킨 워크(Chicken Walk) ··· 148
3. 컬리 윕(Curly Whip) ··· 153

4. 토 힐 스위블(Toe Heel Swivel) 158
5. 플릭 인투 브레이크(Flick into Break) 164

자이브/응용(Variation) / 173

1. 섀도 스토킹 워크(Shadow Stalking Walk) 174
2. 무치(Mooch) 177
3. 플리 홉(Flea Hop) 180
4. 엔딩 투 스톱 앤 고(Ending to Stop & Go) 183
5. 숄더 스핀(Shoulder Spin) 184
6. 캐터펄트(Catapult) 187
7. 처깅(Chugging) 190
8. 윕 스핀(Whip Spin) 192
9. 로터리 지그재그(Rotary Zigzag) 195
10. 플릭 크로스(Flick Cross) 198
11. 뉴욕 위드 스프링(New York with Spring) 201
12. 코카 롤라(Coca Rola) 205

부록/스텝 · 리듬 · 카운트 색인표 / 209

초급(Bronze) 210
중급(Silver) 213
상급(Gold) 215
응용(Variation) 217

스포츠 댄스

자이브

자이브에 사용되는 여러 형태의 홀드와 자세

클로즈(드) 포지션(Close(d) Position)

*클로즈(드) 상태란 떨어져 있지 않고 근접된 상태(약간의 포괄적인 의미).

▶ 마주 보고 서 있는 양손의 홀드 상태로서 약간의 간격을 띄운 홀드 상태이다.

클로즈드 페이싱 포지션
(Closed Facing Position)

◀ 마주 보고 서 있는 양손의 홀드로서 클로즈드 홀드보다 가까이 밀착된 상태이다. 위의 클로즈드와는 구별되어야 한다.
간혹 같은 상태로 오인하는 경우가 있는데 확실한 구별이 필요하다.

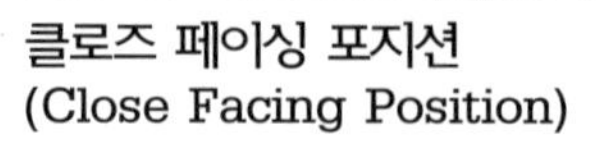

클로즈 페이싱 포지션
(Close Facing Position)

오픈 포지션(Open Position)

◀ 오픈 포지션이란 열린 상태, 즉 상대방과 서로 근접해 있지 않고 떨어져 있는 상태를 뜻한다.
남성과 여성이 서로 떨어져서 서로의 오른손을 잡고 취한 오픈 포지션으로, 쉐이크 핸드 포지션(Shake Hand Position)으로 불리기도 한다.

오픈 페이싱 포지션, 라이트 핸즈 조인드(Open Facing Position, Right Hands Joined)

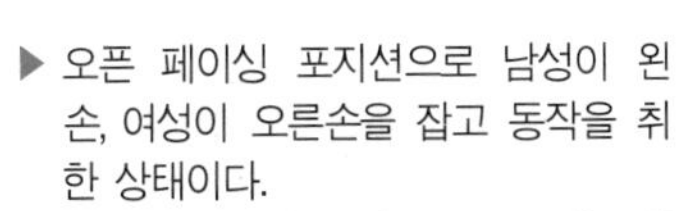

▶ 오픈 페이싱 포지션으로 남성이 왼손, 여성이 오른손을 잡고 동작을 취한 상태이다.
페이싱이란 서로 마주 보고 있는 상태를 의미한다.

오픈 페이싱 포지션 (Open Facing Position)

◀ 남성과 여성이 P.P 상태(Promenade Position)를 이루며, 동작을 취한 형태이다.
V자 형태를 이루며 시선은 양손이 있는 가운데를 기준으로 하여 각자의 앞을 향하도록 한다.

프롬나드 포지션
(Promenade Position)

▶ 프롬나드 포지션과 같은 형태처럼 보이지만 약간의 차이가 있다.
이 자세는 보내기 위한 자세로 생각하면 알기 쉬울 것이다.
프롬나드 포지션과는 달리 발이 엇갈린 상태를 유지하고 있다.
많이 이용되는 자세이다.

폴 어웨이 포지션
(Fall Away Position)

▶ 오픈 페이싱 포지션으로 남성이 오른손으로 여성의 왼손을 잡고 취한 홀드 상태이다.

오픈 페이싱 포지션
(Open Facing Position)

▶ 양손을 잡고 취한 오픈 페이싱 포지션. 남성의 오른손은 여성의 왼손을 잡고, 남성의 왼손은 여성의 오른손을 잡는다.

오픈 페이싱 포지션, 더블 홀드
(Open Facing Position, Double Hold)

오픈 페이싱 포지션, 노 홀드
(Open Facing Position, No Hold)

▶ 양손을 서로 잡지 않고 떨어져서 오픈 상태를 취한 형태이다.

섀도 포지션 (Shadow Position)

마치 그림자처럼 왼쪽, 오른쪽에서 양손이 취하는 위치도 다양하다.

라이트 섀도 포지션
(Right Shadow Position)

레프트 섀도 포지션
(Left Shadow Position)

◀ 마치 부둥켜안고 포옹하는 듯한 자세. 주로 양손을 엇갈려서 남성이 뒤쪽에서 취한다.

쿠들 포지션(Cuddle Position)

사이드 바이 사이드 포지션 (Side-by-Side Position)

서로가 옆으로 하여 나란히 자세를 취하는 동작이다.

오른쪽 사이드 바이 사이드 포지션(Right Side-by-Side Position)

왼쪽 사이드 바이 사이드 포지션(Left Side-by-Side Position)

카운터 프롬나드 포지션
(Counter Promenade Position)

◀ 프롬나드 포지션 상태와 반대 되는 형태이다. 남성과 여성의 발이 프롬나드 포지션 때와는 반대로 된다.
쉽게 생각하면 남성과 여성이 위치를 서로 바꿔 취하고 있다고 생각하면 쉬울 것이다.
손의 위치와 형태도 여러 방법이 요구된다.

아메리칸 스핀(American Spin)

◀ 아메리칸 스핀에서의 남성과 여성의 팔동작. 남성의 리드에 대해 여성도 맞받아치는 듯한 리드를 취해 주어야 한다. 이로 인해 여성은 튕기듯 탄력을 얻어 회전을 쉽게 할 수 있다.

자이브
Jive

자이브(Jive) 리듬

자이브의 음악은 4/4박자로 이루어져 있고, 액센트가 들어가는 방법이 여러 가지로 이루어져 있다. 강・약의 구별이 확실하여 음악 또한 경쾌하다.

어느 박자에 강(액센트)을 사용하는지 알아보도록 하자.

예 1

❶, ②, ❸, ④ : 홀수 박자에 액센트를 줄 경우.
①, ❷, ③, ❹ : 짝수 박자에 액센트를 줄 경우.
❶, ❷, ❸, ❹ : 각 박자마다 액센트를 줄 경우.
❶a, ❷a, ❸a, ❹a : 각 박자에서 3/4박자 길이에 액센트를 줄 경우.

①a = 1	① : a = 3/4 : 1/4	① + a = 4/4 = 1박자
②a = 2	② : a = 3/4 : 1/4	② + a = 4/4 = 1박자
③a = 3	③ : a = 3/4 : 1/4	③ + a = 4/4 = 1박자
④a = 4	④ : a = 3/4 : 1/4	④ + a = 4/4 = 1박자

위의 예 1 이외에 다르게 구성되는 경우도 많다.
다른 예를 들어 보자.

①, ②, ③a, ④a
①a, ②, ③a, ④
①a, ②a, ③, ④
①, ②, ③a, ④
①a, ②, ③, ④

위의 예 이외에도 여러 경우가 이루어질 수 있다.

여러 형태로 구성이 되는 것에 따라 재미있는, 그리고 다양한 리듬이 이루어질 것이다.

자이브의 올바른 율동적인 표현은 어떻게 해야 할까?

율동적인 표현이란 어떤 움직임일까?

우리는 일반적으로 걷는 방법(모던 댄스의 워킹)과는 다른 방법으로 걷는 것이 라틴 댄스의 걷는 방법이다(워킹 참조).

자이브에서는 라틴의 워킹 방법을 사용하는데, 쉽게 생각하면 한쪽 발은 무릎이 구부려지고 한쪽 발은 무릎이 펴지면서 서로 상대적인 형태를 이룬다. 그러면서 탄력이 가해지고 리듬에 맞춰 움직일 때 체중의 올바른 이동이 이루어지면 그때 나타나는 움직임이 율동적인 표현인 것이다.

자이브에 있어서 모든 스텝은 무릎을 구부려 발의 앞 부분(Ball)을 이용하여 이동되면서 이루어진다.

몸의 체중, 즉 중심은 뒤꿈치 부분(Heel)이 들린 상태에서 내려지면서 바닥에 닿았을 때 발이 얹혀지게 된다. 이때 무릎은 똑바로 편 채가 되며, 히프(Hip)는 부드럽게 딛는 발의 방향으로 움직이게 된다.

상대적으로 반대편의 발(왼발의 뒤꿈치가 닿았을 때는 오른발, 오른발의 뒤꿈치가 닿았을 때는 왼발)의 뒤꿈치는 마루(바닥)로부터 떨어지게 된다.

이때 두 발의 뒤꿈치가 동시에 다 닿으면 정지 상태가 된다. 움직이는 동작이 이루어지고 연결되는 동작이 이루어지기 위해서는 항상 교대로의 움직임이 요구되는 것이다.

계단을 내려갈 때 발이 닿는 부분을 생각해 보자. 그것이 라틴 워킹의 기본이다(발이 바닥에 닿는 부분).

샤세(Chasse)

자이브에 있어서 샤세는 매우 중요한 역할을 하고 있다. 샤세는 3보로 이루어져 있는데, 움직임을 살펴보면 비스듬히(1/8회전) 한 채로의 움직임 등, 또 여러 방향으로의 분류가 이루어진다.

위의 여러 움직임에 있어서 회전이 포함되는 움직임이 이루어지든 혹은 그러한 움직임이 아닌 경우에도 모두 샤세(Chasse)로 이루어지게 된다.

각 스텝의 움직임에 있어서는 샤세의 3보 움직임에 반하여 회전의 융통성에 기인하여 변화를 주어도 된다.

일반적으로 자이브를 추면서 샤세를 행하는 것을 보면 똑바른 형태(마치 지르박 전진, 후진을 행하는 듯한 모습)를 취하는 것을 보게 되는데, 이것은 대다수의 일반인들과 또한 그들을 지도하는 교사들의 샤세의 변화에 대한 무관심에서 비롯된 결과로 생각된다.

변화를 주기 위한 샤세의 이용 방법

① 룩킹 액션(Looking Action)을 취한 경우

룩킹 액션이란 교차된 상태, 즉 크로스 액션(Cross Action)을 의미한다.

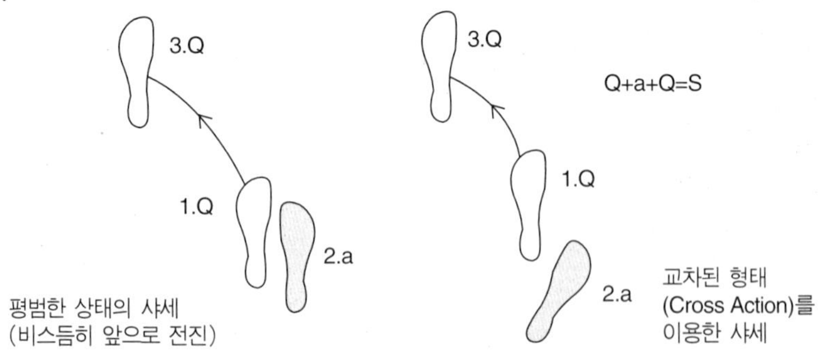

② 러닝 액션(Running Action)을 취한 경우

앞으로, 또는 뒤로의 움직임에 있어서 약간의 간격을 필요로 할 때 빠른 걸음으로 속보를 하는 듯한 러닝 액션(Running Action)이 사용되기도 한다.

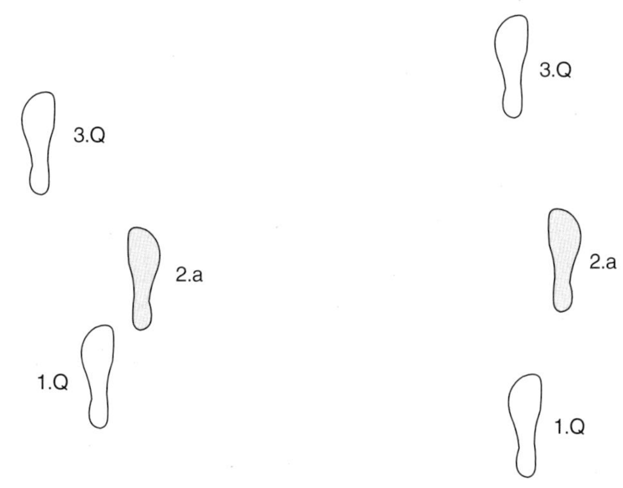

러닝 액션이 사용되지 않은 경우의 샤세 　　　 러닝 액션이 사용된 경우의 샤세

항상 모든 경우에 사용되는 것은 아니지만 ①과 ②의 사용이 요구될 경우에는 기본적인 율동이 무릎에서 느껴지는 바운스의 'QaQ'이 요구된다.

발놀림(Foot Work)

발의 앞·뒷부분 그리고 다른 부분의 활용에 의한 움직임에 대한 설명이다. 사람의 움직임은 체중(몸의 중심)의 이동에 의한 발의 움직임에 의해 이루어진다.

일반적으로 생각할 때는 발의 이동으로 인하여 앞·뒤·좌·우의 움직임이 이뤄지는 것으로 생각할지 모르나 실제의 움직임은 체중의 이동과 발의 움직임의 연계동작에 의해 이루어지고 있는 것이다.

그렇기 때문에 스텝을 행할 때마다 발의 사용법이 매우 중요한 것도 이러한 이유 때문이다.

자이브에서 체중의 이동은 항상 발의 앞부분(Ball)을 사용하여 이동되어야 한다.

Ⓐ 볼 → 볼(Ball → Ball)

Ⓑ 볼 → 플랫(Ball → Flat : 발 전체)

Ⓐ와 Ⓑ의 형태로 스탭을 행하여도 발의 앞부분(Ball)을 이용하여 몸의 중심(체중)을 움직이고자 하는 방향으로 발로 차 나아가는 식으로 이동을 하게 된다.

어색하고 밸런스가 흐트러진 잘못된 율동적인 표현이 이루어진다면 무릎의 굽어지고 펴짐의 바운스 동작에 부자연스러움이 느껴질 것이다.

일반적으로 '자이브' 하면 무조건 빠른 템포의 뛰는 동작만을 연상하게 되는데, 이는 매우 단순한 발상이다. 이는 그 동안 국내에 보급된 자이브에 대한 일반인들의 잘못된 생각임을 지적하고자 한다.

자이브의 음악 템포를 보면 1분에 40~46마디가 연주된다.

위의 빠르기 안에서 이루어지는 템포는 2종류로 분류된다.

Ⓐ 느린 템포(Slow Tempo)

샤세를 설명해 보도록 하자.

Q : 3 → 1보 a : a → 2보 Q : 4 → 3보	1보 : 볼(Ball) → 플랫(Flat) 2보 : 볼(Ball) 3보 : 볼(Ball) → 플랫(Flat)

쉽게 설명해 보자.

1보는 발 앞이 먼저 닿으면서 발 전체가 바닥에 닫게 된다. 곧 발 전체가 닿아 있는 형태이다. 2보는 발 앞부분만 바닥에 닿는다. 발 뒤꿈치 부분은 들린 상태이다. 3보는 1보와 동일하다.

느린 템포에서의 특징은 한쪽 발은 바닥에 딛고, 반대쪽의 발은 발 앞부분만 살짝 딛고 체중의 이동만 신속히 행하고 있다는 것이다.

Ⓑ 빠른 템포(Fast Tempo)

샤세를 설명해 보도록 하자.

Q : 3 → 1보 a : a → 2보 Q : 4 → 3보	1보 : 볼(Ball) 2보 : 볼(Ball) 3보 : 볼(Ball) → 플랫(Flat)

1보와 2보는 발 앞부분만 사용하고, 3보는 발 앞부분이 닿고 발 전체가 된다. 빠른 동작이 이루어지므로 튕기는 듯한 동작이 느껴지도록 한다(스프링 액션 : Spring Action).

자이브에서 발놀림은 특별한 경우를 제외하고는 Ⓐ의 느린 템포와 Ⓑ의 빠른 템포가 이루어져야 하는 것이다.

Ⓐ와 Ⓑ의 특징을 비교하면, Ⓐ는 바운스, Ⓑ는 스프링으로 구별하면 될 것이다.

자이브 자세 및 잡는 방법(Hold)

상대방과는 약 6인치 정도 떨어져서 상대방을 마주 볼 수 있도록 한다. 무릎을 약간 낮추어 자세를 약간 낮추도록 한다. 바운스 및 스프링 동작이 원활히 진행될 수 있도록 한다. 무릎과 무릎은 가능한 모으는 듯한 형태를 유지한다.

남성의 왼손, 여성의 오른손은 엄지와 검지 사이에 엄지를 제외한 네 손가락이 위치하도록 하고, 서로의 손바닥을 밀착시켜 힘을 뺀 상태에서 감싸듯이 가볍게 살짝 잡도록 한다.

남성의 오른손은 여성의 등뒤 쪽 왼쪽 어깨 아랫부분인 견갑골에 위치하도록 한다.

이때 남성의 손은 손가락을 모아 손바닥을 전체 혹은 윗부분이 닿도록 하여 오른손, 왼손으로 리드할 때 면적이 최대가 되어, 리드할 때의 힘의 전달이 극대화되도록 한다.

여성의 왼손은 남성의 오른팔 끝부분에 위치하여(손바닥 부분) 손가락은 모아서 어깨 부분에(팔과 어깨의 연결 부위) 살짝 얹듯이 취한다.

이때 남성의 왼손과 여성의 오른손의 높이는 가슴 높이(Chest Level)와 허리 높이(Waist Level)가 있는데, 스텝을 행할 때의 높이는 허리 높이를 많이 이용하고 있다.

카운트

리듬과 카운트로 하는 방법에 대하여 정확한 구별을 해 보자.

리듬을 사용할 경우	카운트를 사용할 경우
Q, Q, QaQ, QaQ	1, 2, 3a4, 3a4

사용하는 방법은 편의대로이나 리듬과 카운트를 혼합하여 사용한다면 테크닉의 이해 및 피겨의 구별이 훨씬 쉬울 것이다. 그리고 정확성을 기할 수도 있을 것이다.

자이브에서의 워킹(Walking)

이제는 자이브가 많이 보급되어 무도장에 가 보면 자주 보게 된다. 그러나 아쉬운 점이 있다면, 워킹 연습을 조금 더 열심히 한다면 더 우아하고 피겨의 연결에 있어서도 훨씬 더 화려하면서도 힘찬 동작이 나올 텐데, 하는 점이다.

흔히들 하는 말이 "내가 뭐 대회에 나갈 건가? 그냥 대충 즐기면 되지." 하고 대수롭지 않게 생각한다. 물론 틀린 말은 아니다. 그러나 똑같은 시간, 똑같은 노력으로 좀더 능숙하게 될 수 있다면 모양새가 좋은 것이 더욱 좋지 않겠는가? 무리한 몸동작으로 인한 피곤의 누적이 아닌 정확한 몸놀림과 발놀림에 의한 멋진 스포츠로서의 댄스라면 얼마나 더 좋겠는가 말이다.

가르치는 교사들도 워킹의 중요성에 대해 무신경한 것 같다. 워킹이 잘되면 스텝이 훨씬 수월하고 정확해진다는 사실을 새삼 인식하고, 조금 더 워킹에 관심을 가져 보자.

워킹을 무시한 댄스, 이는 사상누각이나 다를 바 없다.

기본기에 충실하자. 그것이 지름길이다. 화려한 율동에 도취되지 말고 정확한 동작, 올바른 피겨의 연결을 구별할 줄 아는 안목을 갖도록 노력해야 할 것이다.

자이브에서의 워킹 연습

전진의 워킹 연습

1

시작

2

1보

3

2보

4

3보

왼쪽으로의 이동 자세

❶

1보

❷

2보

❸

3보

❹

4보

샤세(Chasse)

사세는 3보로 이루어져 있는데 왼쪽으로 이동하는 왼쪽 샤세, 오른쪽으로 이동하는 오른쪽 샤세, 왼쪽 · 오른쪽 양쪽으로 이동하는 록(Rock) 형태의 혼합형(Combination) 샤세가 있다.

샤세에 있어서 3보에서는 체중을 완전히 얹어 중심을 잡고 다음의 연결 동작을 준비하도록 한다.

일반적으로 쉽게 생각한다면 왼쪽 · 오른쪽 양쪽으로 이동을 하되, 발을 차례대로,

왼발 → 오른발 → 왼발 : 왼쪽 샤세
오른발 → 왼발 → 오른발 : 오른쪽 샤세

옆으로 걷는다고 생각을 하면 될 것이다.

이때 시선은 정면을 향하도록 하고 몸도 정면을 향한 채 좌 · 우로 이동을 하도록 한다.

남성과 여성은 서로 상대적이므로, 남성이 왼쪽 샤세를 행하면 여성은 오른쪽 샤세를 행하고, 남성이 오른쪽 샤세를 행하면 여성은 왼쪽 샤세를 행하도록 한다.

왼쪽 샤세(Chasse to Left)

남성과 여성 공통으로 하여 알아보도록 하자.

스타트할 때 체중은 오른발에 얹고 시작을 하도록 한다. 양발이 모아진 상태를 기준으로 해 보자.

체중을 오른발에 얹고 오른발을 곧게 편다. 왼발은 약간 무릎을 낮추고 뒤꿈치(Heel) 부분은 바닥에서 들리도록 하고, 발 앞부분(Ball)이 바닥에 닿아 있도록 한다.

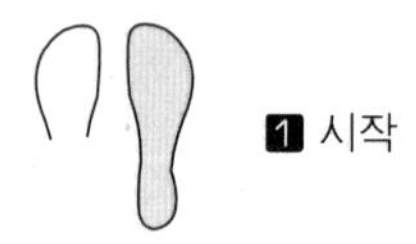

시작

이때의 체중은 거의 오른발에 있고 왼발은 체중을 얹지 않고 탭(Tap)하듯 가볍게 발끝을 바닥에 댄다.

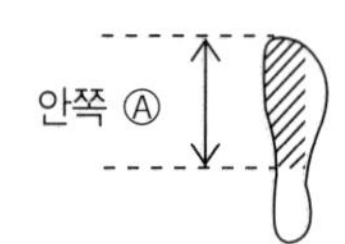

왼쪽 샤세의 1보에서 오른발의 역할은 안쪽을 이용하여 왼쪽으로 이동하되 Ⓐ의 부분을 이용하여 왼발 옆으로 1보 옮겨진다.

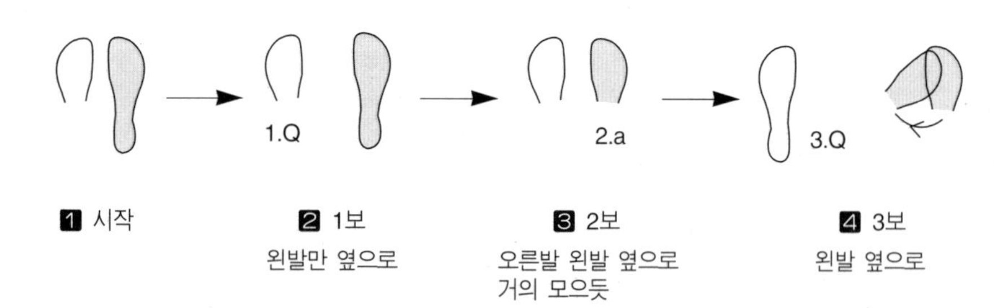

1 시작

2 1보
왼발만 옆으로

3 2보
오른발 왼발 옆으로
거의 모으듯

4 3보
왼발 옆으로

1보

3

2보

4

3보

2보에서 3보가 이루어질 때 2보의 오른발 끝으로 몸을 밀어 왼발이 옆으로 이동이 되도록 한다.

실제 3보가 행해진 후 발의 모양을 잘 보도록 하자. 3보에서는 체중이 왼발에 완전히 얹어지고 오른발은 탭(Tap) 형태를 이루고 있다.

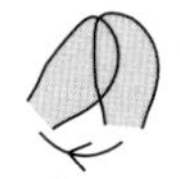

2보

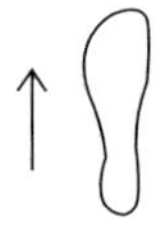

발끝을 밀어 틀어 주듯 — 2보의 발끝을 민 후 — 3보

오른쪽 샤세(Chasse to Right)

왼쪽 샤세와 마찬가지로 남성과 여성 공통으로 알아보자.

오른쪽 샤세의 경우는 왼쪽 샤세와는 반대로 오른쪽으로의 이동이다. 양발이 모아진 상태를 기준으로 하여 보자.

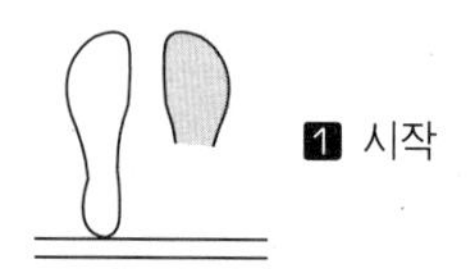

시작

이때의 체중은 왼발에 얹혀 있고 오른발의 체중은 빼고 오른쪽으로의 이동을 준비하도록 한다.

이때 체중은 왼발에 얹고 왼발은 곧게 펴고(Straighten), 오른발은 무릎을 살짝 굽혀 낮추고 발 앞부분(Ball)만 바닥에 닿아 있도록 한다. 이때 왼발의 사용은 안쪽을 이용하도록 한다.

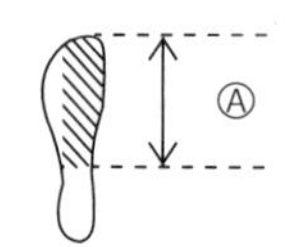

빗금친 부분에 힘을 가하여 오른쪽으로 이동한다. 특히 Ⓐ 부분에 힘을 더 주어 이동하도록 한다.

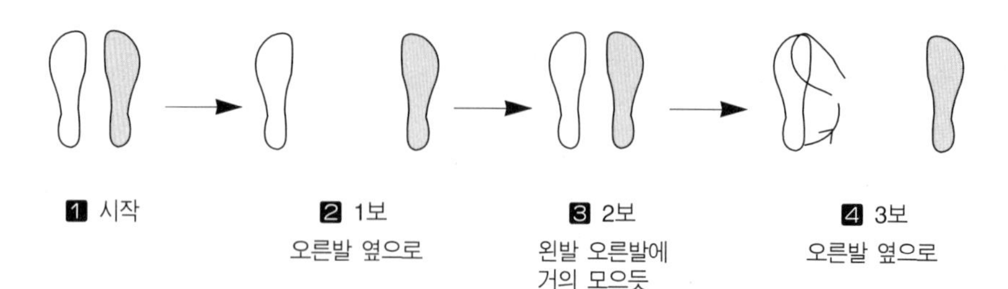

1 시작

2 1보 오른발 옆으로

3 2보 왼발 오른발에 거의 모으듯

4 3보 오른발 옆으로

❷

1보

❸

2보

❹

3보

2보에서 3보가 이루어질 때 2보의 왼발은 왼발을 오른쪽으로 밀어 오른발 옆으로 하여 오른발의 3보가 이루어지도록 한다.

이때 왼발의 모양을 보자.

발끝을 밀어 틀어 주듯

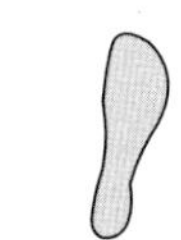

2보의 발끝을 민 후
3보의 오른발

3보

3보

Bronze 브론즈

초 급

1 **Fall Away Rock**
폴 어웨이 록

2 **Fall Away Throwaway**
폴 어웨이 스로어웨이

3 **Link**
링크

4 **Change of Places Right to Left**
체인지 오브 플레이스 라이트 투 레프트

5 **Change of Places Left to Right**
체인지 오브 플레이스 레프트 투 라이트

6 **Change of Hands behind Back**
체인지 오브 핸즈 비하인드 백

7 **American Spin**
아메리칸 스핀

8 **Promenade Walk**
프롬나드 워크

9 **Whip**
휩

1. 폴 어웨이 록 (Fall Away Rock)

이 피겨는 폴 어웨이 포지션에서 왼쪽·오른쪽의 샤세를 반복하여 행하는 자이브의 베이식 피겨이다.

이 피겨의 방법에는 3가지 유형이 있는데, 반드시 숙지해야 할 사항이다.

자이브에 대하여 일반인들이 혼란스러워하는 부분들을 가르치는 교사들이 3가지 방법을 차례대로 구별하여 가르쳐야 하는데, 자기들 취향대로 편협된 방식으로 지도하다 보니 스타일이 너무 판이하고, 색다르게 추는 듯한 느낌을 주고, 서로 다른 스타일에 적응을 못 하다 보니 어느 방식이 옳은 것인지 구별조차 못 하는 사람들이 적지 않은 편이다.

이제는 이의 정확한 방식을 구별하는 안목을 갖추고, 옳고 그름을 판단해야 할 것이다.

Ⓐ, Ⓑ, Ⓒ의 3가지 방법이 있는데, Ⓐ를 선호하는 쪽에서 상대방이 Ⓑ, Ⓒ의 형태로 춘다고 잘못됐다고 이야기하는 일은 없어야겠다.

그런 이야기를 한다는 것은 하나밖에 모른다는 결론이다.

상대방이 Ⓑ의 스타일이면 Ⓑ의 스타일로, Ⓒ의 스타일이면 Ⓒ 스타일로, Ⓐ의 스타일이면 Ⓐ 스타일로 결국은 같은 나무에서 가지가 옆으로 뻗었다는 차이일 뿐이므로, 이제 앞으로 이 책을 읽고 난 후에는 그러한 일이 없으리라 생각한다.

이 피겨는 클로즈드 페이싱 포지션(Closed Facing Position)으로 시작한다.

1

시작

2

1보

3

2보

4

3보

5

4보

6

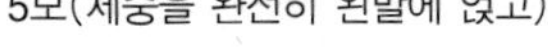

5보(체중을 완전히 왼발에 얹고)

7

6보

남성

체중을 오른발에 얹고 클로즈드 페이싱 포지션(Closed Facing Position)으로 시작을 한다. 8보로 이루어져 있다.

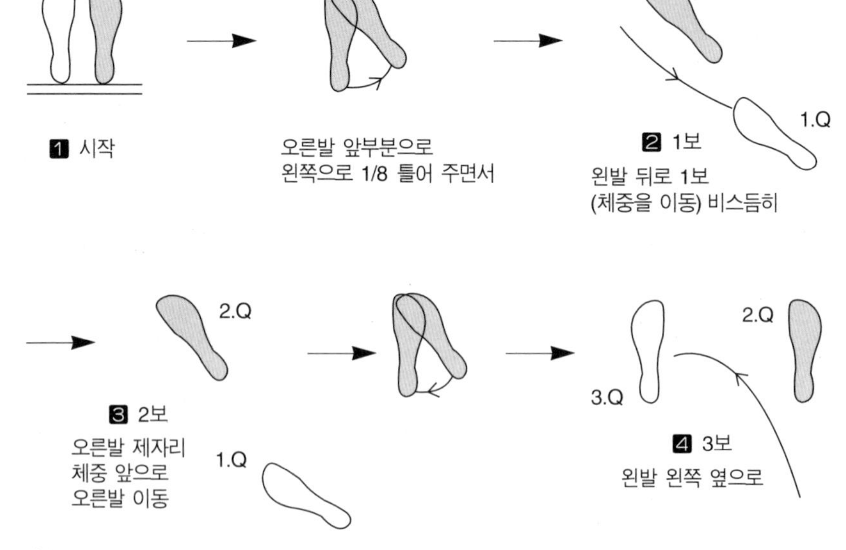
1 시작
오른발 앞부분으로
왼쪽으로 1/8 틀어 주면서
1.Q
2 1보
왼발 뒤로 1보
(체중을 이동) 비스듬히
2.Q
3 2보
오른발 제자리
체중 앞으로
오른발 이동
1.Q
2.Q
3.Q
4 3보
왼발 왼쪽 옆으로

8

7보

9

8보

Q.3 4.a

Q.5 4.a

5 4보

오른발 왼발 옆으로

6 5보

왼발 왼쪽 옆으로(체중을
완전히 왼발에 얹고)

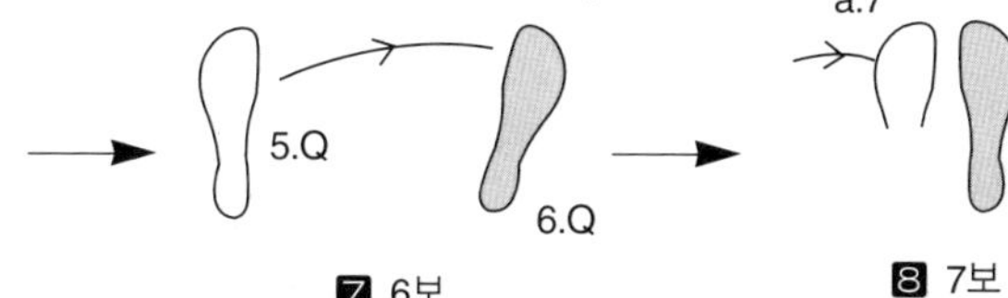

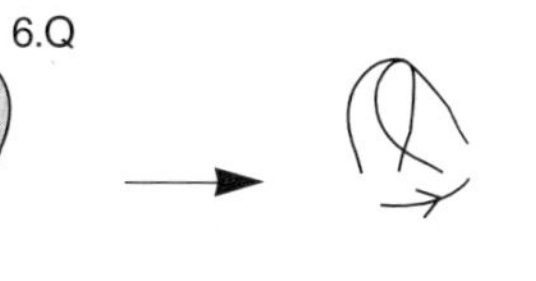

7 6보

오른발 오른쪽 옆으로

8 7보

왼발 오른쪽으로
오른발 옆으로

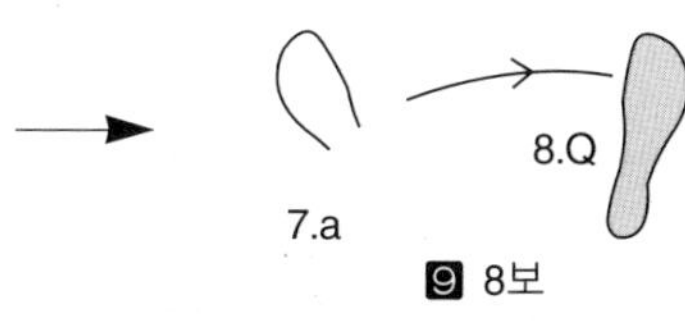

9 8보

오른발 옆으로

여성

여성은 체중을 왼발에 얹고 클로즈드 페이싱 포지션(Closed Facing Position)으로 시작을 한다.

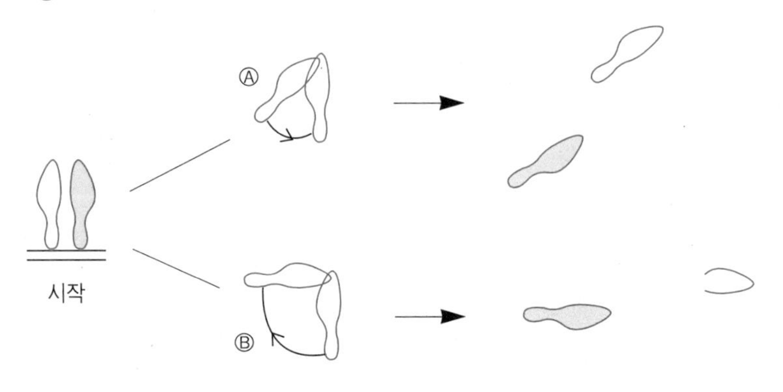

Ⓐ의 경우 : 오른쪽으로 1/8회전
Ⓑ의 경우 : 오른쪽으로 1/4회전

시작을 하여 여성이 2보에서 오른발 뒤로 하여 폴 어웨이 포지션으로 들어갈 때 1/8, 1/4 두 가지 방법으로 오른쪽으로 회전을 하여 남

Ⓐ

Ⓑ

성의 리드에 따르게 된다.

Ⓐ, Ⓑ의 경우 각각의 특성이 있다.

Ⓐ의 경우는 남성과 똑같은 회전량을 이루며 행하는 피겨 스타일이고, Ⓑ의 경우는 남성의 리드에 여성이 보다 탄력적으로 움직여 주는 스타일인데, Ⓑ의 경우를 더 권하고 싶다.

여성

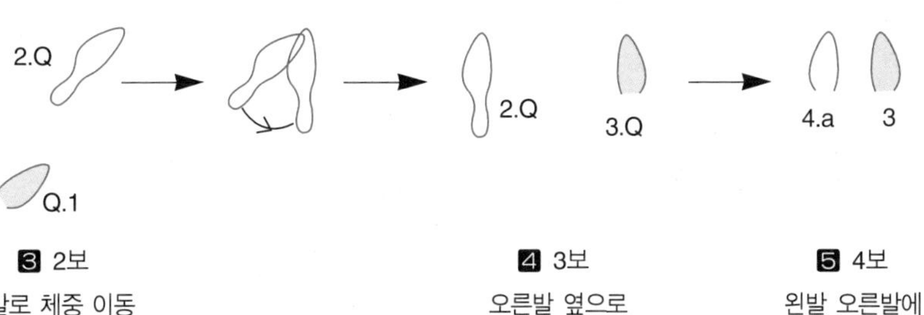

❸ 2보
왼발로 체중 이동
거의 제자리에서

❹ 3보
오른발 옆으로

❺ 4보
왼발 오른발에
거의 모으고

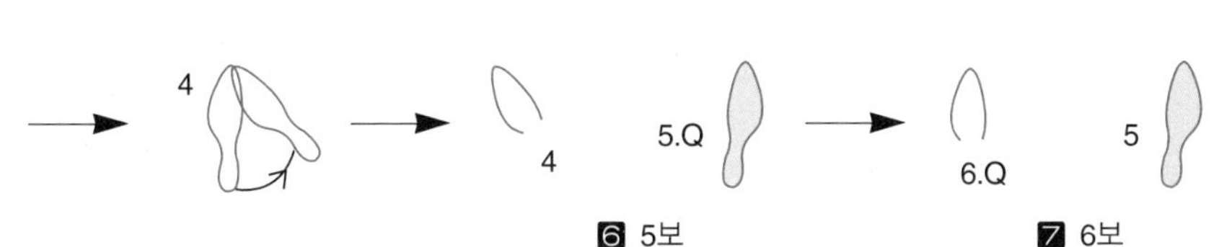

❻ 5보
오른발 옆으로

❼ 6보
왼발 옆으로

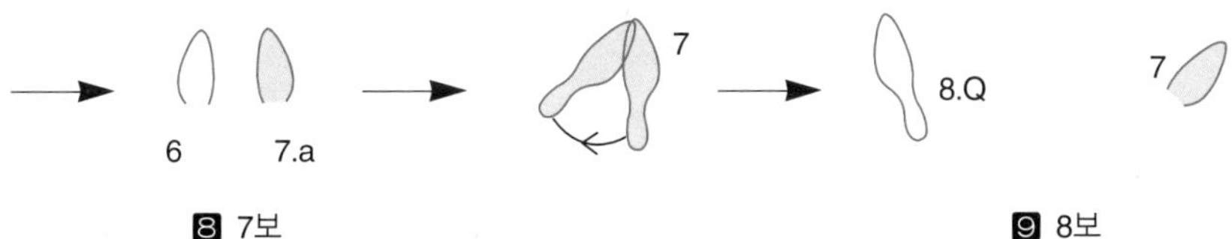

❽ 7보
오른발 왼발에
거의 모으고

❾ 8보
왼발 옆으로 체중을 얹고

남성

스텝	발의 위치 & 리드	회전량	카운트	리듬
1	왼발 뒤로 비스듬히 후진. 여성을 오른쪽으로 회전시키며,	1보에서 왼쪽으로 1/8(45°) 회전.	1	Q
2	P.P 상태로 오른발 앞으로 하여 체중을 얹고 여성을 왼쪽으로 회전시켜 준다.	2~5보 사이의 회전량 1/8(45°), 오른쪽으로 계속 회전.	2	Q
3~5	왼발 옆으로 샤세(L, R, L) 여성을 왼쪽으로 보내 주면서,	2~5보 사이의 회전량 1/8(45°), 오른쪽으로 계속 회전.	3 a 4	Q a Q
6~8	오른발 옆으로 샤세(L, R, R). 오른쪽 샤세.	없음.	3 a 4	Q a Q
			1½ 소절	

여성

스텝	발의 위치	회전량	카운트	리듬
1	오른발 뒤로 하여 약간 멀리,	오른쪽으로 1/4회전.	1	Q
2	P.P인 상태에서 왼발 앞으로 제자리하여 체중을 이동.	왼쪽으로 회전 시작.	2	Q
3~5	오른발 옆으로 하여 오른쪽 샤세(R, L, R).	2~5보 사이에 왼쪽으로 1/4회전 완료한다.	3a 4	Q a Q
6~8	왼발 옆으로 하여 왼쪽 샤세(L, R, L).	없음.	3a 4	Q a Q
			1½ 소절	

2. 폴 어웨이 스로어웨이 (Fall Away Throwaway)

폴 에웨이 포지션(Fall away Position)으로 하여 여성을 보내 주는 피겨를 뜻하는데, 넓은 의미에서는 체인지 오브 플레이스 라이트 투 레프트(Change of Places Right to Left)도 폴 어웨이 스로어웨이에 포함이 될 수 있다고 볼 수 있다.

자이브에서는 오른쪽에서 왼쪽으로 보내 주기(남성의 위치를 기준으로 하여 오른쪽에서 왼쪽으로 보내 주기, 왼쪽에서 오른쪽으로 보내 주기를 정한다)를 한다.

오른쪽에서 왼쪽으로 보내 주기 : 남성의 오른쪽에 위치한 여성을 남성의 왼쪽으로 보내 주기

왼쪽에서 오른쪽으로 보내 주기 : 남성의 왼쪽에 위치한 여성을 남성의 오른쪽으로 보내 주기

자이브에서는 오른쪽에서 왼쪽으로 보내 주기와 폴 어웨이 스로어웨이를 구별하여 설명을 하는데, 이에 대한 확실한 구별이 있어야 되겠다.

이것을 구별하는 방식은 여러 방법이 있는데,

첫째는 남성이 여성을 보내 줄 때 손을 들어 보내 주지 않고, 남성이 왼손으로 여성의 오른손을 잡고 약간의 스웨이(Sway)를 사용하여 클로즈드 상태에서 오픈(떨어진) 상태를 이루도록 한다.

둘째는 회전량의 융통성이다. 회전량의 가감에 대한 융통성이다.

1

시작

1보

3

2보

3보

5

4보

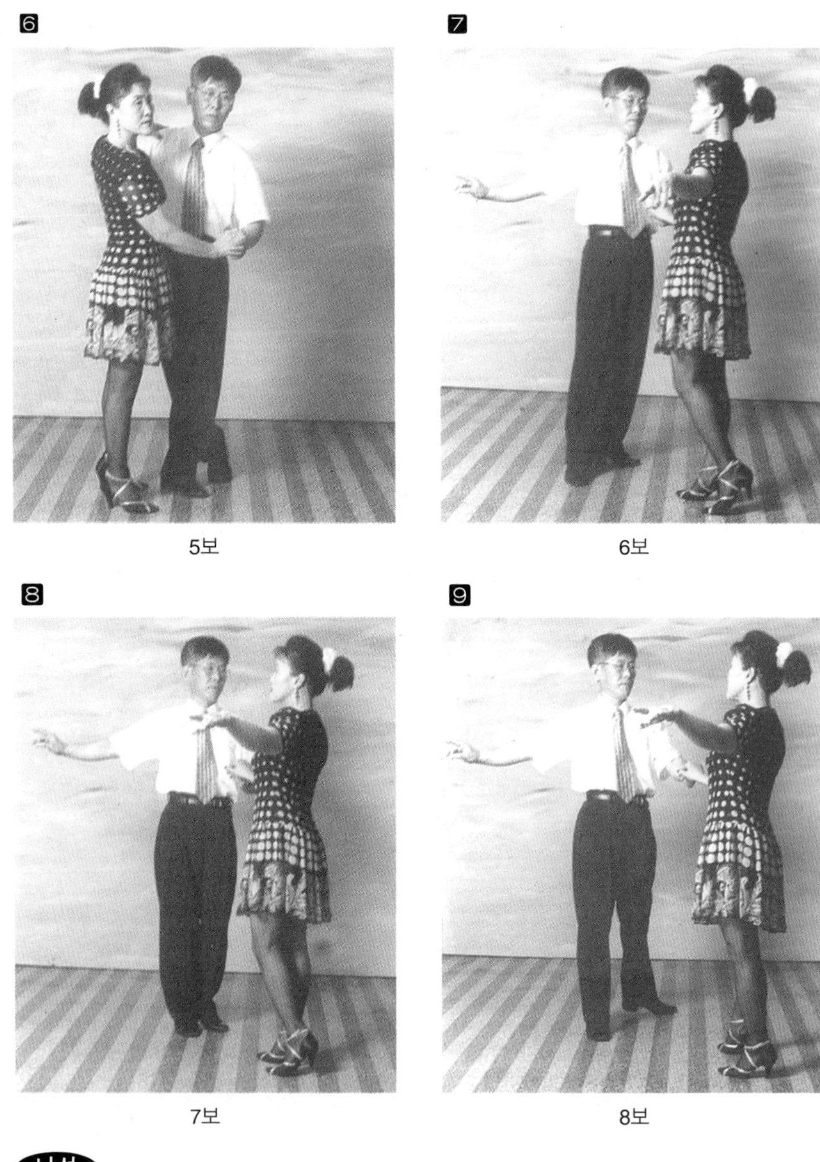

5보 6보

7보 8보

남성

여성과 마주하여 체중을 오른발에 얹고 시작을 한다.
클로즈드 페이싱 포지션(Closed Facing Position)으로 시작한다.

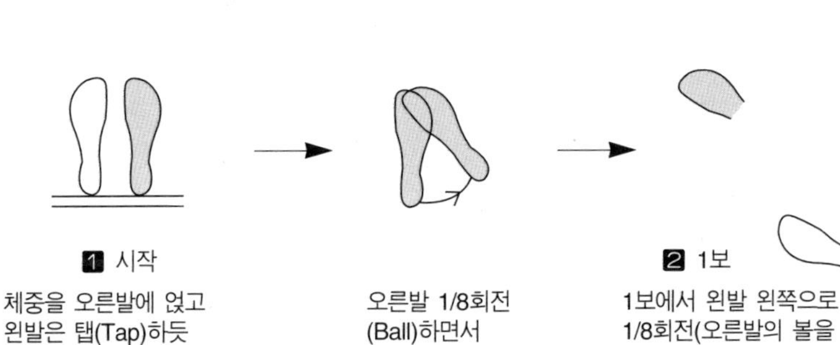

1 시작
체중을 오른발에 얹고
왼발은 탭(Tap)하듯
가볍게 무릎을 약간 낮추고

오른발 1/8회전
(Ball)하면서

2 1보
1보에서 왼발 왼쪽으로
1/8회전(오른발의 볼을
이용하여)

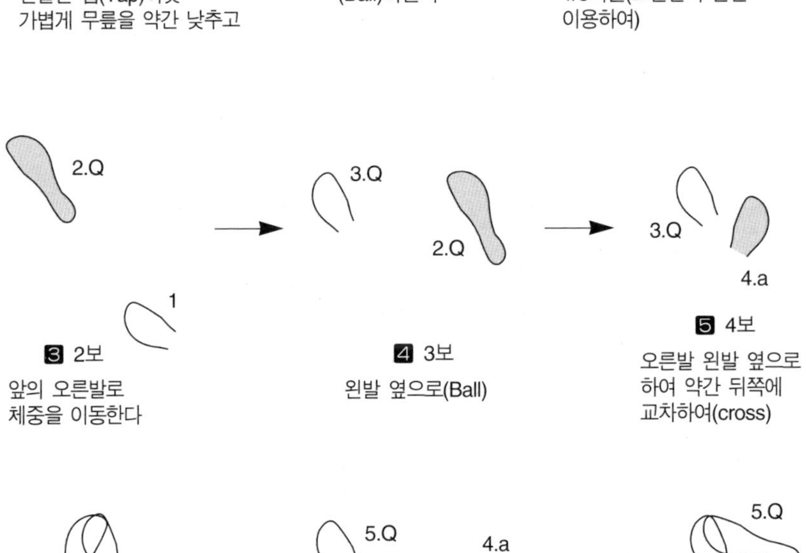

3 2보
앞의 오른발로
체중을 이동한다

4 3보
왼발 옆으로(Ball)

5 4보
오른발 왼발 옆으로
하여 약간 뒤쪽에
교차하여(cross)

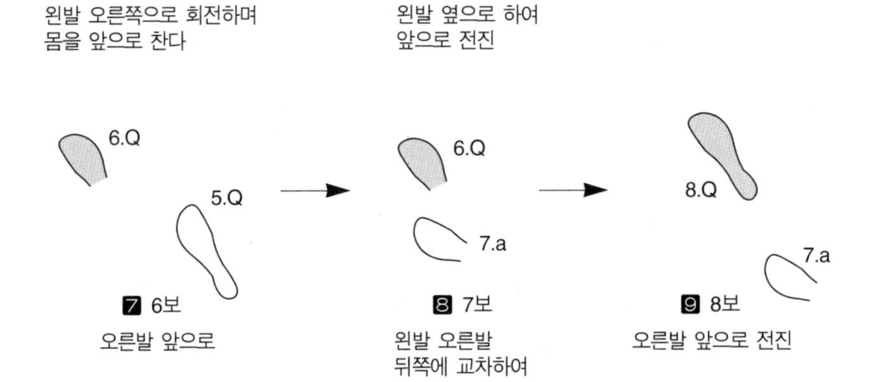

왼발 오른쪽으로 회전하며
몸을 앞으로 찬다

6 5보
왼발 옆으로 하여
앞으로 전진

7 6보
오른발 앞으로

8 7보
왼발 오른발
뒤쪽에 교차하여

9 8보
오른발 앞으로 전진

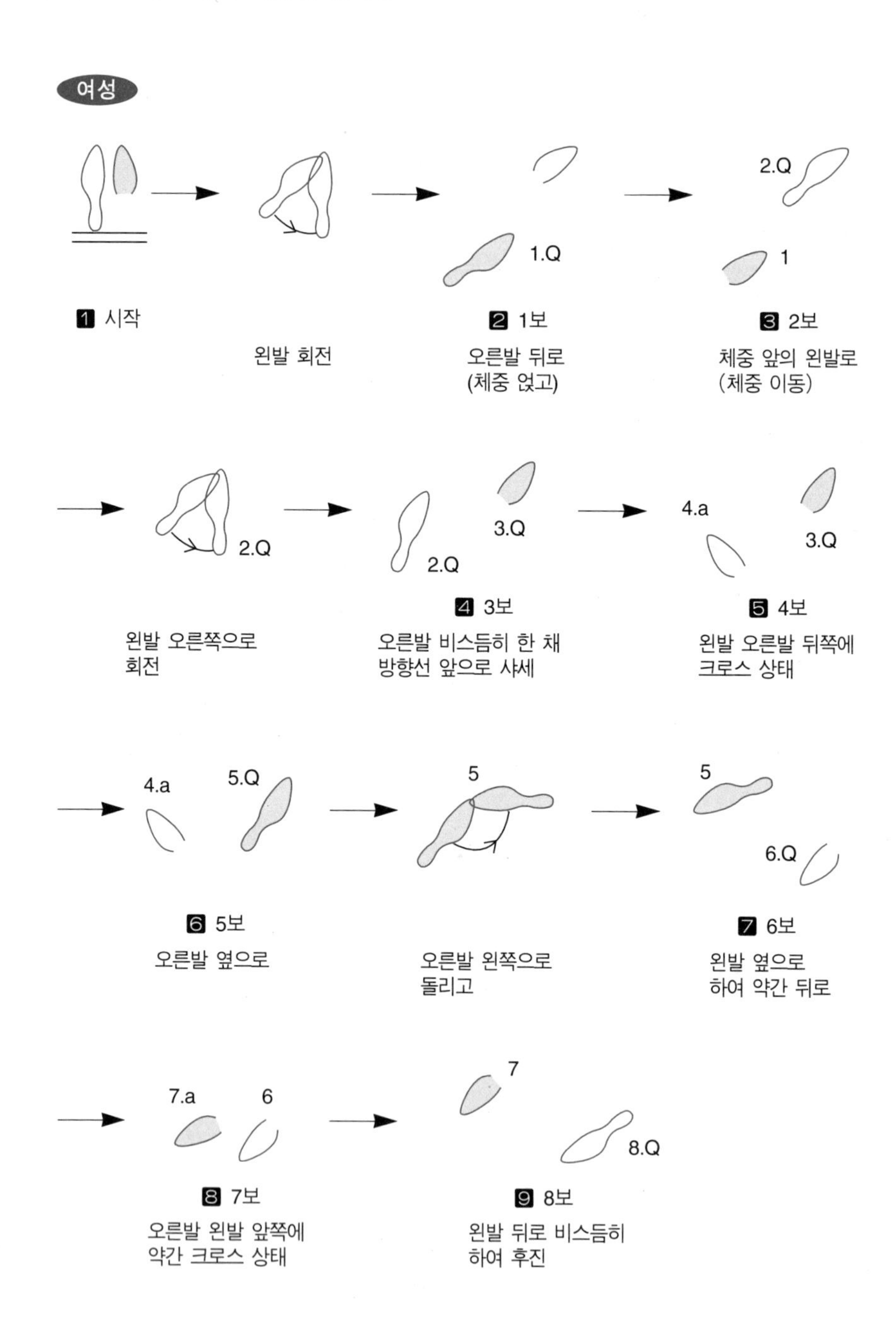
여성
2.Q
1.Q
1
1 시작
왼발 회전
2 1보
오른발 뒤로
(체중 얹고)
3 2보
체중 앞의 왼발로
(체중 이동)
2.Q
3.Q
2.Q
4.a
3.Q
왼발 오른쪽으로
회전
4 3보
오른발 비스듬히 한 채
방향선 앞으로 샤세
5 4보
왼발 오른발 뒤쪽에
크로스 상태
4.a
5.Q
5
5
6.Q
6 5보
오른발 옆으로
오른발 왼쪽으로
돌리고
7 6보
왼발 옆으로
하여 약간 뒤로
7.a
6
7
8.Q
8 7보
오른발 왼발 앞쪽에
약간 크로스 상태
9 8보
왼발 뒤로 비스듬히
하여 후진

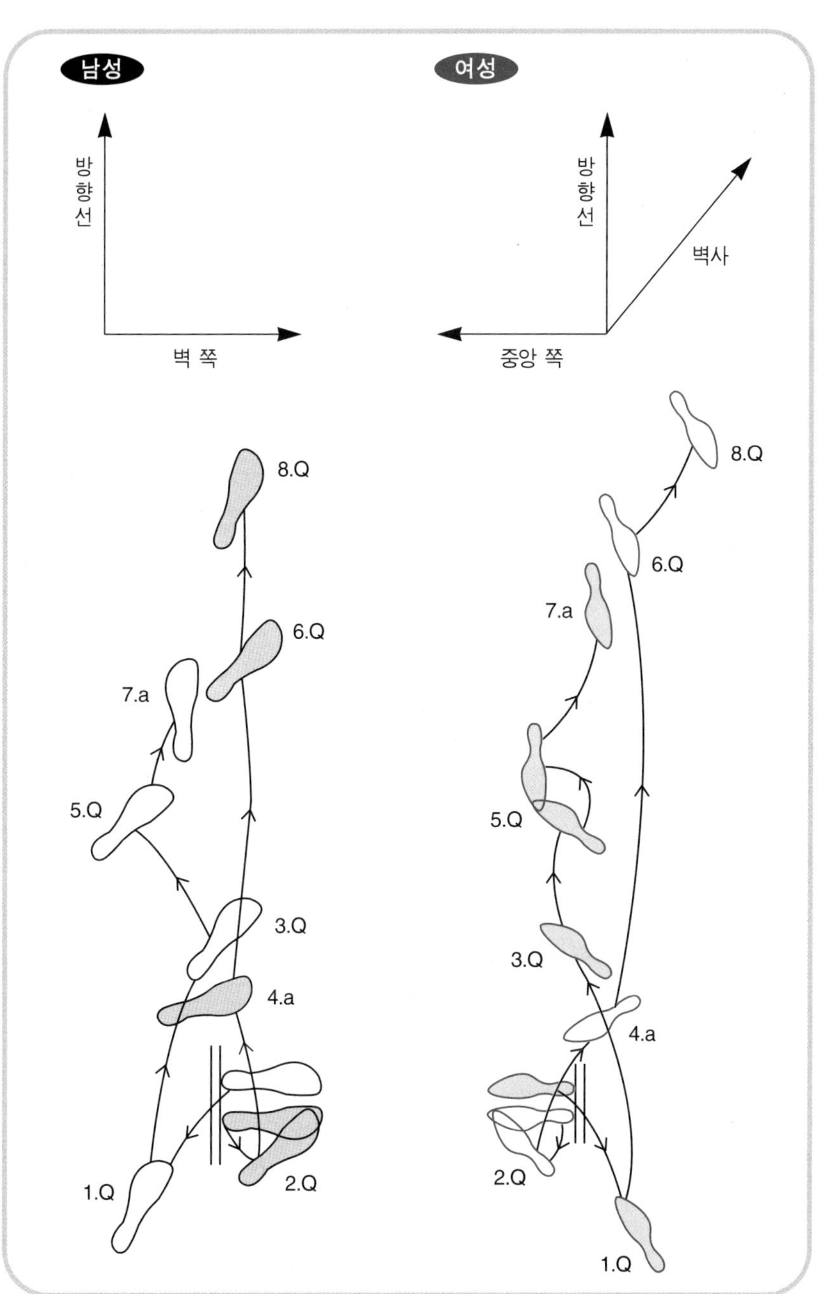

남성
방향선
벽 쪽
8.Q
6.Q
7.a
5.Q
3.Q
4.a
1.Q
2.Q
여성
방향선
벽사
중앙 쪽
8.Q
6.Q
7.a
5.Q
3.Q
4.a
2.Q
1.Q

남성

스텝	발의 위치 & 리드	회전량	카운트	리듬
1~5	1~5보는 폴 어웨이 록 (L, R, L, R, L). 5보에서 잡은 손을 낮추고 여성이 약간 왼쪽으로 기울며 가도록 리드.	1보에서 왼쪽으로 1/8회전. 2~5보 사이는 회전량 없음.	1, 2 3 a 4	Q Q Q a Q
6~8	오른발 앞으로 하며 샤세 (R, L, R). 여성이 떨어져 가도록 리드. 그리고 오른손 잡은 채로 약간 스웨이 동작을 넣는다(기울인다).	6~8보 사이 왼쪽으로 1/8회전.	3 a 4	Q a Q
			1½ 소절	

여성

스텝	발의 위치	회전량	카운트	리듬
1~5	1~5보는 폴 어웨이 록과 동일(R, L, R, L, R). 5보에서 오른쪽으로 약간 몸을 굽혀 기울인다.	1보에서 오른쪽으로 1/4회전. 2보에서 왼쪽으로 회전 시작. 2~5보 사이에 왼쪽으로 3/8회전을 완료한다.	1, 2 3 a 4	Q Q Q a Q
6~8	왼발 뒤로 하여 샤세 (L, R, L).	6~8보 사이 왼쪽으로 1/8회전.	3 a 4	Q a Q
			1½ 소절	

3. 링크 (Link)

링크는 자이브에 있어서 피겨와 피겨를 연결해 주는 고리와 같은 역할을 한다. 링크(Link)라는 의미 그대로 중간에서의 역할이 매우 중요하다.

피겨를 행하다 보면 계속적으로 피겨를 연결만 해 줄 수는 없을 것이다. 호흡을 조절한다든가 템포를 느린 템포로 바꾼다든가 약간의 휴식을 취하듯 하면서 행할 때 사용하는 피겨이다.

대부분의 사람들은 피겨의 연결이나 동작을 순서대로 하는 데만 집착을 하여 링크의 사용을 게을리하는데, 지름길을 눈앞에 두고 자꾸 먼길로 돌아가는 것은 어리석은 일이라 말할 수 있다.

링크는 5보로 오픈 상태에서 클로즈드 상태로 행해지는 형태와 클로즈드 상태로 된 후 남성이 오른쪽으로 샤세를 행한 후 다른 피겨로 연결하는 8보의 두 가지 형태가 있다.

그러나 편의상, 링크(Link)와 링크 록(Link Rock)으로 구별하여 행한다. 5보로 행한 후 윕(Whip)이나 기타 다른 피겨로 연결할 수도 있고, 8보로 행한 후 체인지 오브 플레이스 라이트 투 레프트(Change of Places Right to Left) 등 기타 적당한 피겨로 연결할 수도 있다.

피겨의 연결에 관한 것은 따로 설명을 하도록 하겠다.

링크는 시작할 때 남성이 왼손으로 여성의 오른손을 잡고 오픈 포지션으로 시작을 한다.

1

시작

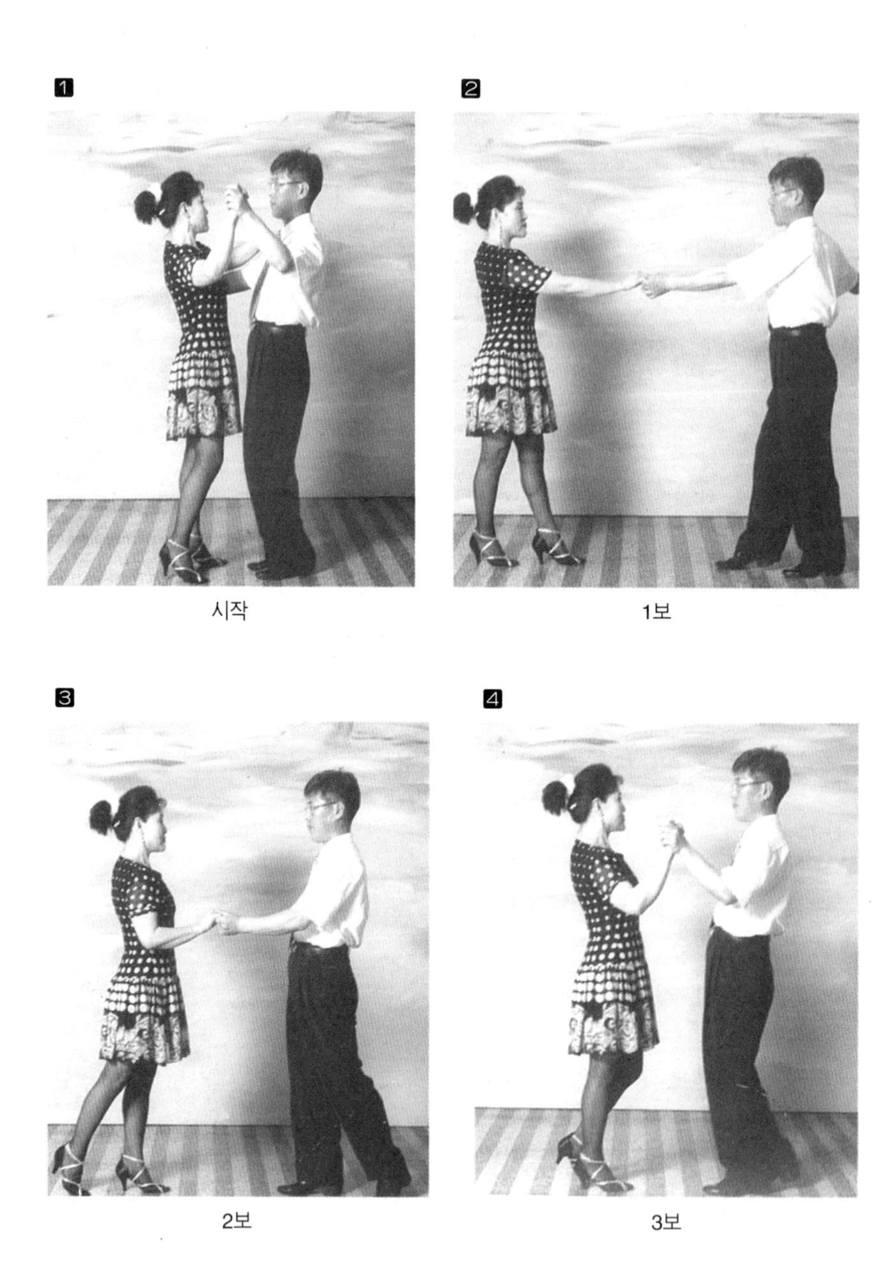

1 시작

2 1보

3 2보

4 3보

4보

6

5보

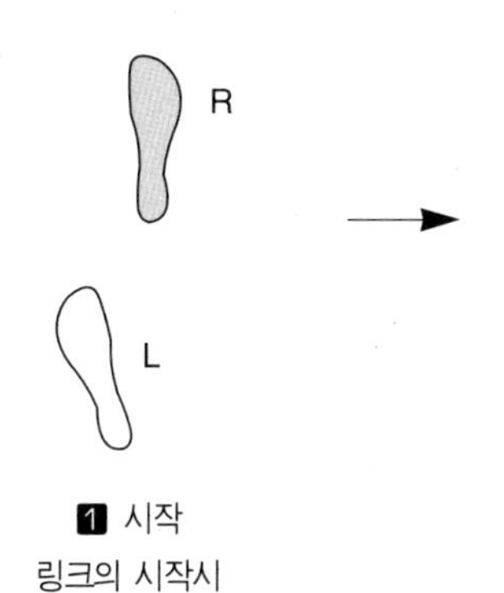

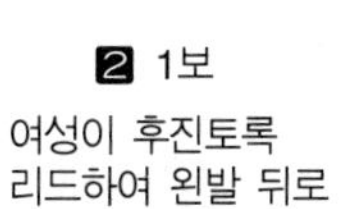

1

1 시작

링크의 시작시
오픈 포지션
(체중 오른발에)

2 1보

여성이 후진토록
리드하여 왼발 뒤로
(체중을 왼발로)

3 2보

체중을 오른발로 이동
(제자리에서 하듯)

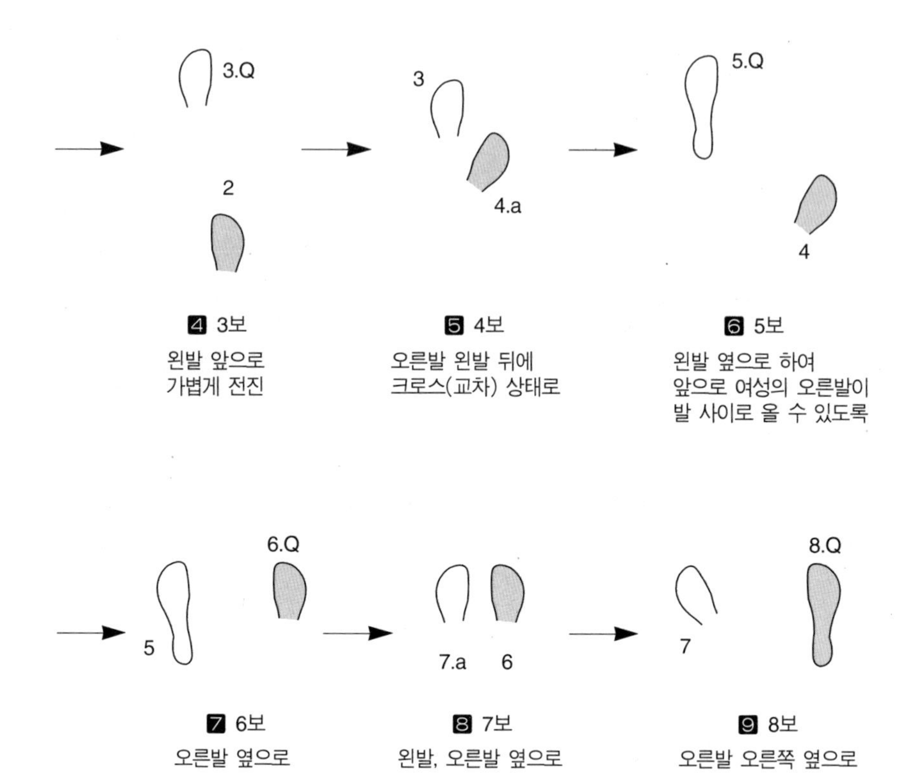
3.Q
2
3
4.a
5.Q
4
4 3보
왼발 앞으로
가볍게 전진
5 4보
오른발 왼발 뒤에
크로스(교차) 상태로
6 5보
왼발 옆으로 하여
앞으로 여성의 오른발이
발 사이로 올 수 있도록
6.Q
5
7.a
6
8.Q
7
7 6보
오른발 옆으로
8 7보
왼발, 오른발 옆으로
9 8보
오른발 오른쪽 옆으로

남성

5보와 8보의 차이는 1~5보까지는 똑같은 형태이고, 8보는 5~8보가 추가되어 있는 형태이다.

Ⓐ의 다음 연결과 Ⓑ의 다음 연결이 다르다.

Ⓐ의 연결 다음 피겨는 오른발로 시작이 되고, Ⓑ의 연결 다음 피겨는 왼발로 시작된다.

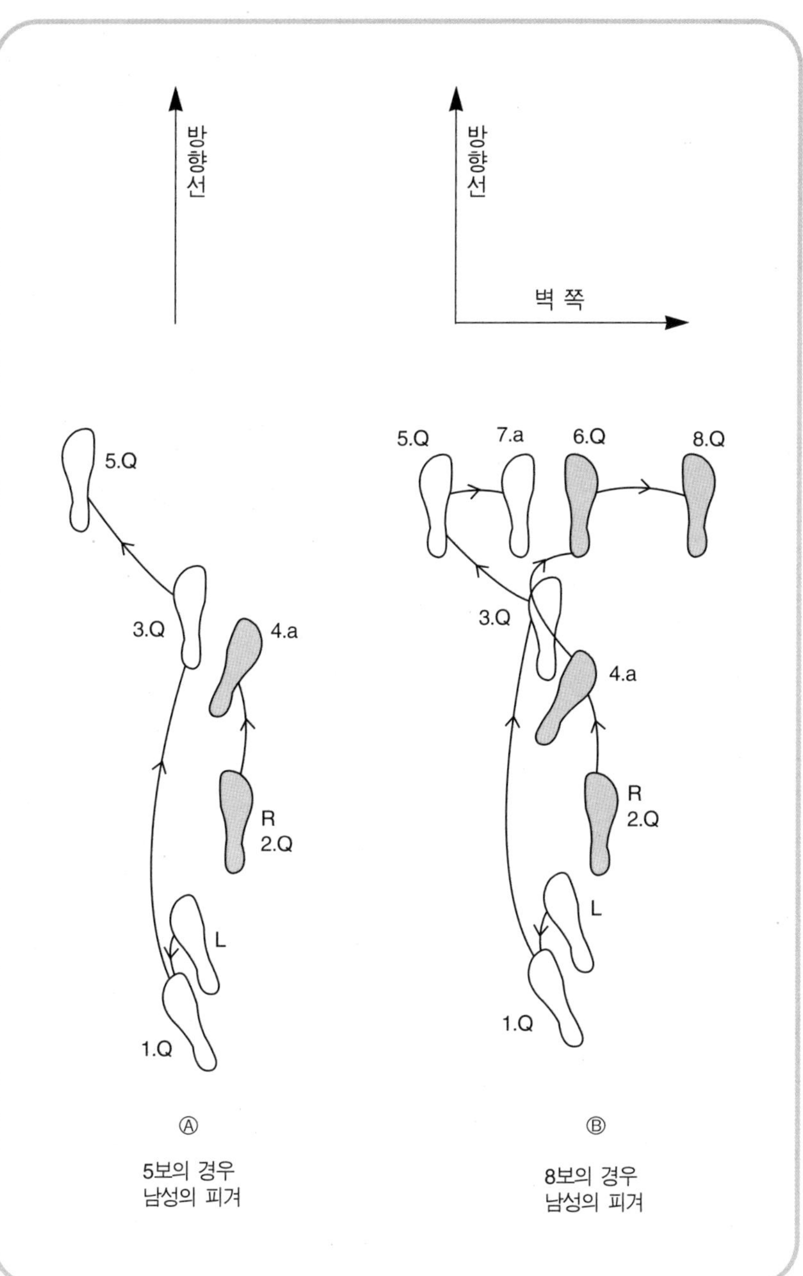
방향선
방향선
벽 쪽
5.Q
3.Q
4.a
R
2.Q
L
1.Q
5.Q
7.a
6.Q
8.Q
3.Q
4.a
R
2.Q
L
1.Q
Ⓐ
5보의 경우
남성의 피겨
Ⓑ
8보의 경우
남성의 피겨

여성

5보와 8보의 차이는 남성과 마찬가지로 1~5보는 같은 형태이고 8보의 피겨는 5~8보의 3보가 추가되어 있는 형태이다. 이때 여성의 5보(오른발)는 남성의 발 사이 쪽에 위치하도록 한다.

링크에서 제일 중요한 사항이다.

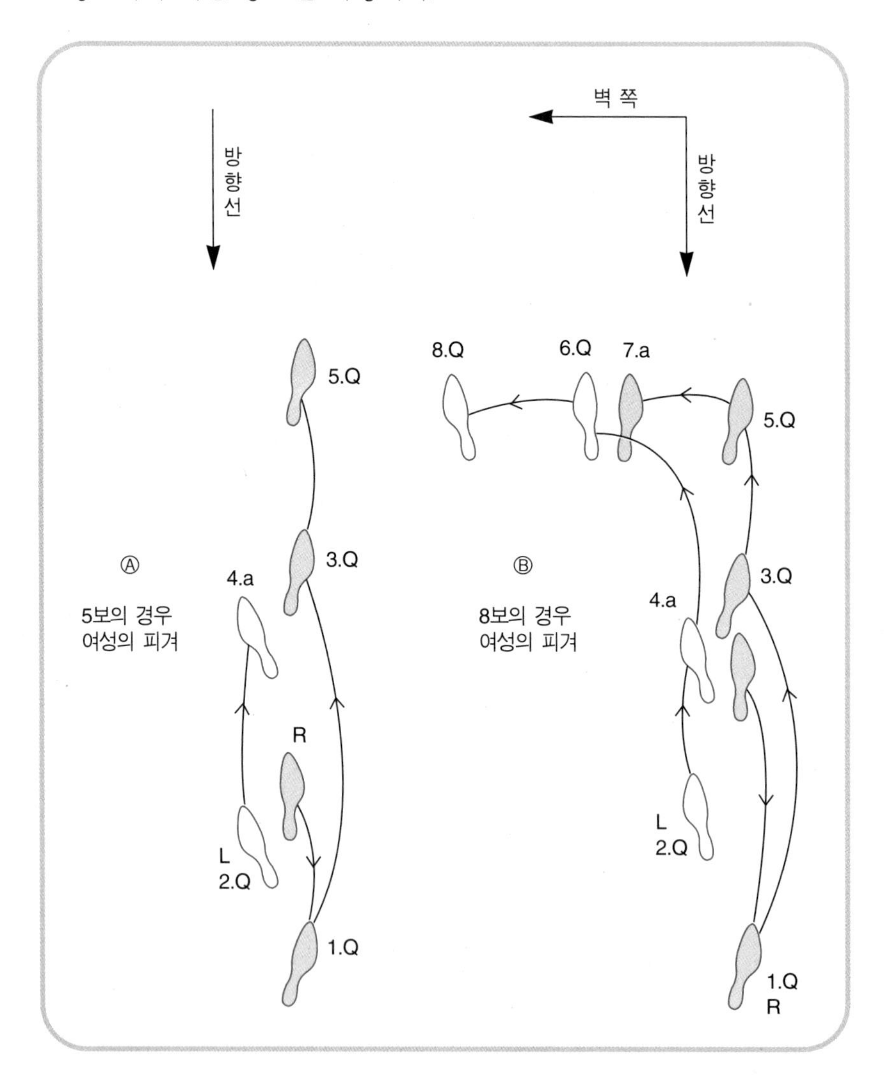

오픈 상태에서 클로즈 상태가 이루어지는 때이다. 이때 여성의 왼손은 남성의 어깨에 손을 얹도록 한다.

Ⓐ의 연결 다음 피겨는 왼발로 시작이 되고, Ⓑ의 연결 다음 피겨는 오른발로 시작된다.

남성

<table>
<tr><th>스텝</th><th>발의 위치 & 리드</th><th>회전량</th><th>카운트</th><th>리듬</th></tr>
<tr><td>1</td><td>왼발 뒤로한다.</td><td>없음.</td><td>1</td><td>Q</td></tr>
<tr><td>2</td><td>오른발 앞쪽으로 하며
제자리.
체중을 이동한다.</td><td>없음.</td><td>2</td><td>Q</td></tr>
<tr><td>3~5</td><td>왼발 앞으로 전진하며
샤세(L, R, L).
여성을 앞으로 향하도록
리드.</td><td>없음.</td><td>3 a 4</td><td>Q a Q</td></tr>
<tr><td rowspan="2">6~8</td><td rowspan="2">오른발 옆으로 하여
오른쪽 샤세.
원래의 홀드 상태로
원위치.</td><td rowspan="2">없음.</td><td>3 a 4</td><td>Q a Q</td></tr>
<tr><td colspan="2">1½ 소절</td></tr>
</table>

여성

스텝	발의 위치	회전량	카운트	리듬
1	오른발 뒤로.	없음.	1	Q
2	체중을 왼발로 옮기며 제자리 스텝.	없음.	2	Q
3~5	오른발 앞으로 전진하며 샤세(R, L, R).	없음.	3 a 4	Q a Q
6~8	왼발 옆으로 하여 왼쪽 샤세. 원래의 홀드 상태로 환원한다.	없음.	3 a 4	Q a Q
			1½ 소절	

4. 체인지 오브 플레이스 라이트 투 레프트 (Change of Places Right to Left)

남성이 여성을 오른쪽에서 왼쪽으로 보내 주는 피겨이다.

폴어웨이 포지션을 취한 후 왼팔을 들어 여성을 오른쪽으로 돌아서 나아가도록 하는 피겨이다.

이때 남성은 왼손을 3보에서 들어 주고 4보에서 오른손을 놓아 주어 여성이 편안하게 진행하도록 하여 준다.

끝 동작은 오픈 포지션으로 끝내는데, 남성의 왼손으로 여성의 오른손을 잡은 상태이다.

시작할 때는 클로즈드 상태로 시작을 한다.

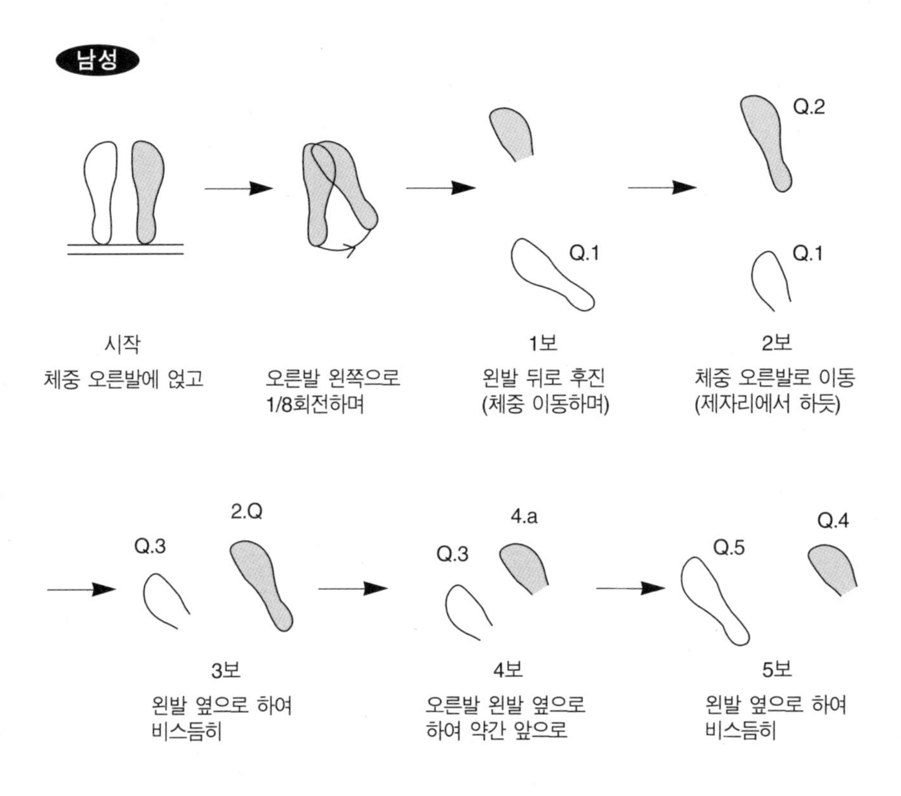

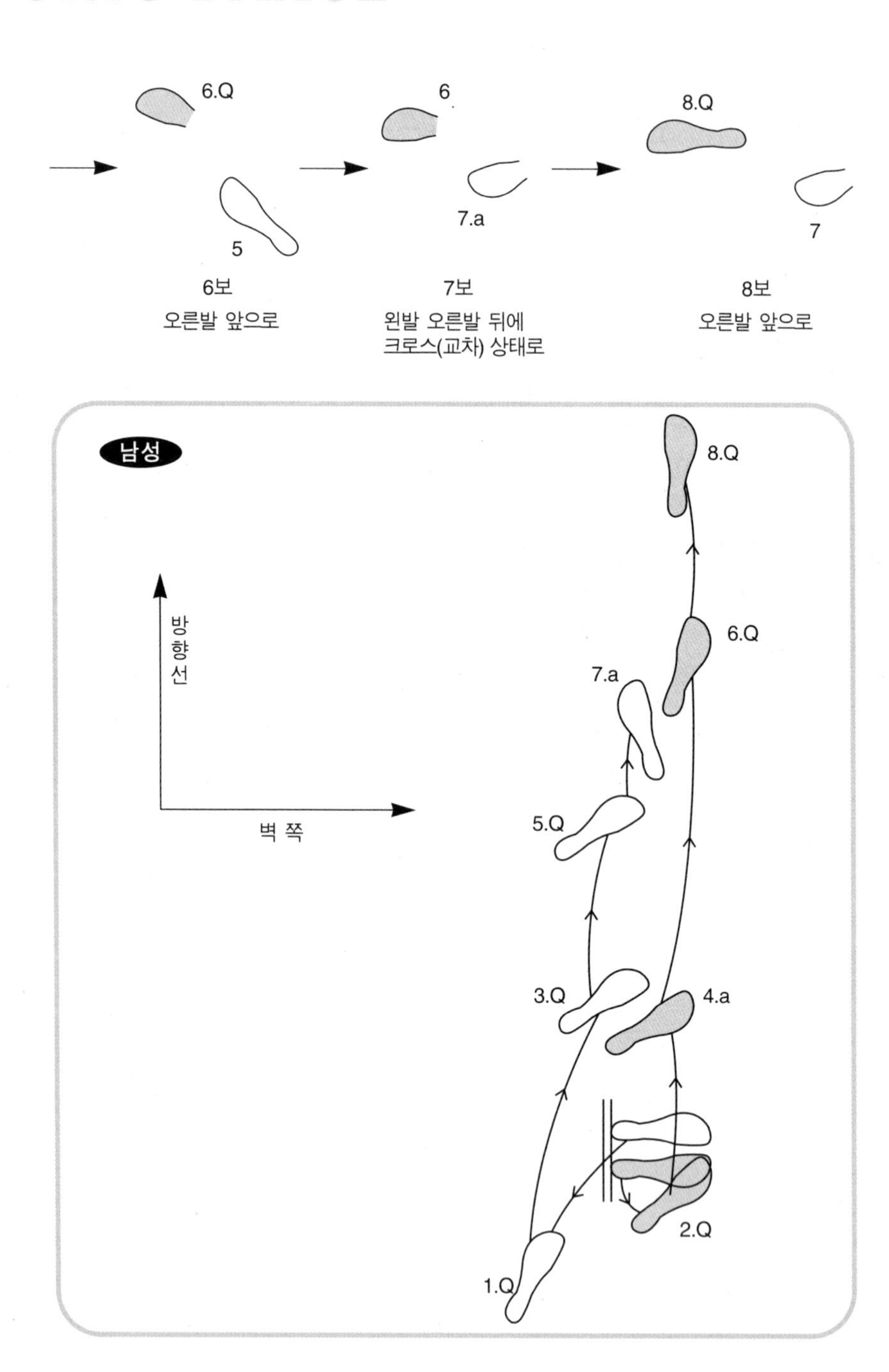
6.Q
5
6보
오른발 앞으로
6
7.a
7보
왼발 오른발 뒤에
크로스(교차) 상태로
8.Q
7
8보
오른발 앞으로
남성
방향선
벽 쪽
8.Q
6.Q
7.a
5.Q
3.Q
4.a
2.Q
1.Q

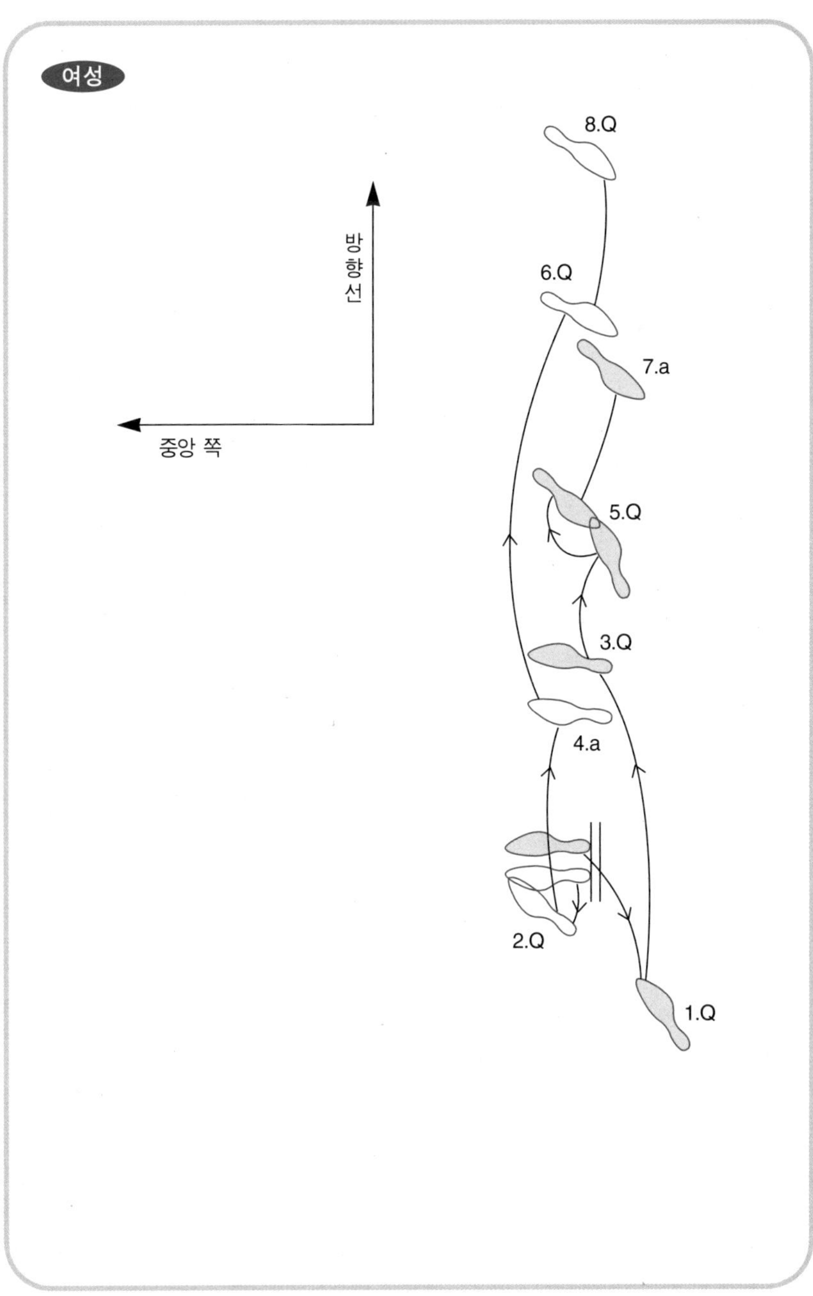
여성
8.Q
방향선
6.Q
7.a
중앙 쪽
5.Q
3.Q
4.a
2.Q
1.Q

남성

스텝	발의 위치 & 리드	회전량	카운트	리듬
1	1~5보는 폴 어웨이 록과 동일(L, R, L, R, Ⓛ) 5보의 Ⓛ에서 손을 들어 주고 여성을 오른쪽으로 회전하도록 하며 전진.	1보에서 왼쪽으로 1/8회전.	1, 2	Q Q Q a Q
6~8	오른발 전진하며 샤세. 여성이 오른쪽으로 정확하게 회전하도록 한다. 손을 들어 준 밑으로 여성의 회전이 끝이 날 때 들어 준 여성의 손을 낮추어 내려 준다. 손을 바꾸어 잡는다.	6~8보 사이 왼쪽으로 1/8회전.	3 a 4	Q a Q
			1½ 소절	

여성

스텝	발의 위치	회전량	카운트	리듬
1	1~5보는 폴 어웨이 록과 동일(R, L, R, L, Ⓡ). 5보의 Ⓡ에서 오른쪽으로 회전 시작.	1보에서 오른쪽으로 1/4회전. 2보에서 왼쪽으로 회전 시작. 2~3보 사이에 1/4회전 완료. 5보에서 오른쪽으로 회전 시작.	1, 2 3 a 4	Q Q Q a Q
6~8	오른쪽으로 계속 회전. 남성이 들어 준 손 아래로 회전하며 샤세(L, R, Ⓛ). 끝의 Ⓛ은 뒤로 한다.	오른쪽으로 회전을 계속 한다. 5~8보 사이에 회전량 3/4을 이룬다.	3 a 4	Q a Q
			1½ 소절	

5. 체인지 오브 플레이스 레프트 투 라이트 (Change of Places Left to Right)

여성을 왼쪽에서 오른쪽으로 보내 주는 피겨이다.

오픈 포지션으로 시작을 하여 오픈 포지션으로 끝낸다.

남성은 3보에서 왼팔을 들어 여성을 왼쪽으로 돌도록 유도한다.

여성이 오른쪽으로 돌면 남성과 부딪히므로 반드시 여성을 왼쪽으로 돌도록 한다. 연속 2회전 시킬 경우에도 여성을 왼쪽으로 회전하도록 한다.

남성이 왼손으로 여성의 오른손을 잡고 떨어져서 시작을 한다.

시작
(왼손으로 여성의 오른손을 잡고 시작한다)

1

2

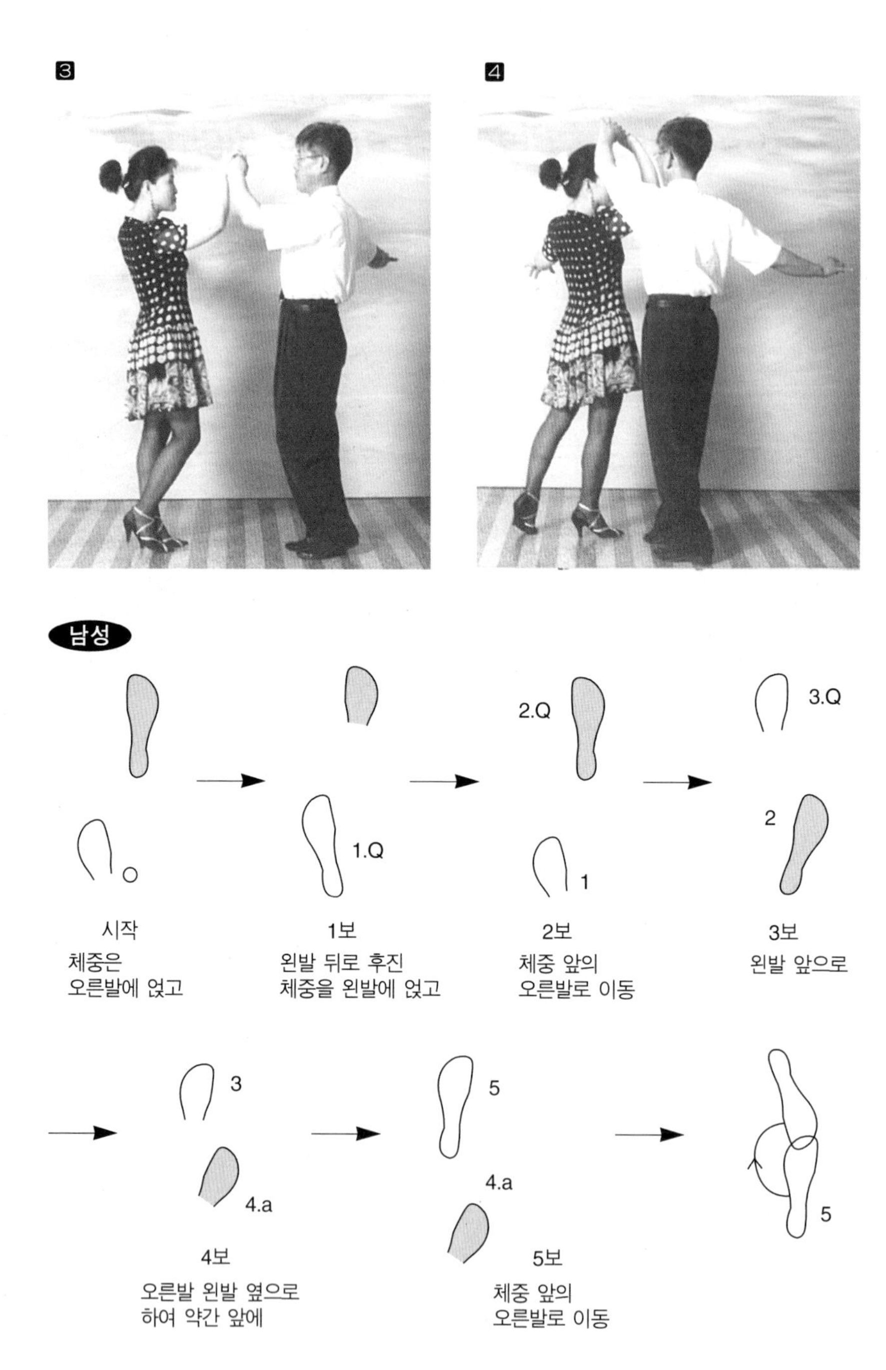
3
4
남성
시작
체중은
오른발에 얹고
1.Q
1보
왼발 뒤로 후진
체중을 왼발에 얹고
2.Q
1
2보
체중 앞의
오른발로 이동
3.Q
2
3보
왼발 앞으로
3
4.a
4보
오른발 왼발 옆으로
하여 약간 앞에
5
4.a
5보
체중 앞의
오른발로 이동
5

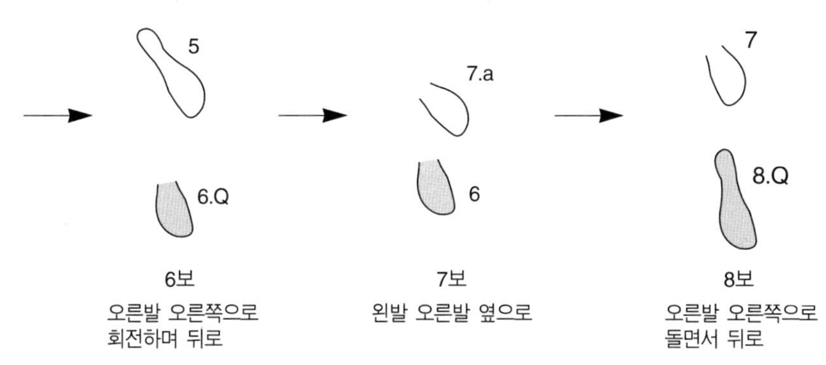
5
7.a
7
6.Q
6
8.Q
6보
오른발 오른쪽으로
회전하며 뒤로
7보
왼발 오른발 옆으로
8보
오른발 오른쪽으로
돌면서 뒤로

여성

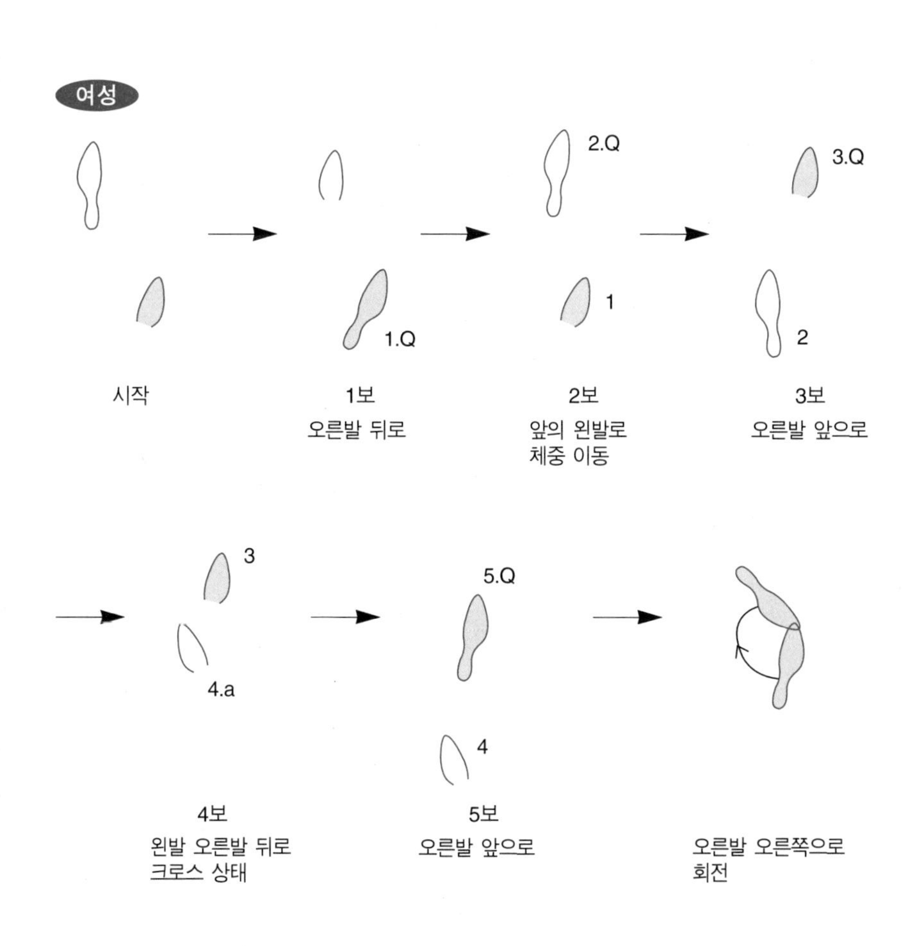
2.Q
3.Q
1.Q
1
2
시작
1보
오른발 뒤로
2보
앞의 왼발로
체중 이동
3보
오른발 앞으로
3
5.Q
4.a
4
4보
왼발 오른발 뒤로
크로스 상태
5보
오른발 앞으로
오른발 오른쪽으로
회전

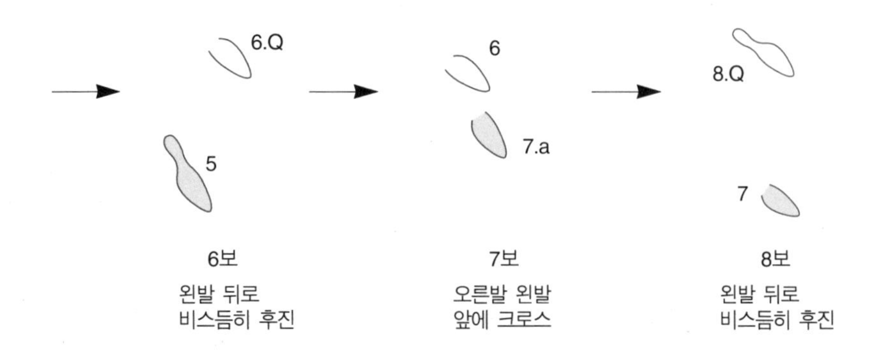
6.Q
5
6
7.a
8.Q
7
6보
왼발 뒤로
비스듬히 후진
7보
오른발 왼발
앞에 크로스
8보
왼발 뒤로
비스듬히 후진

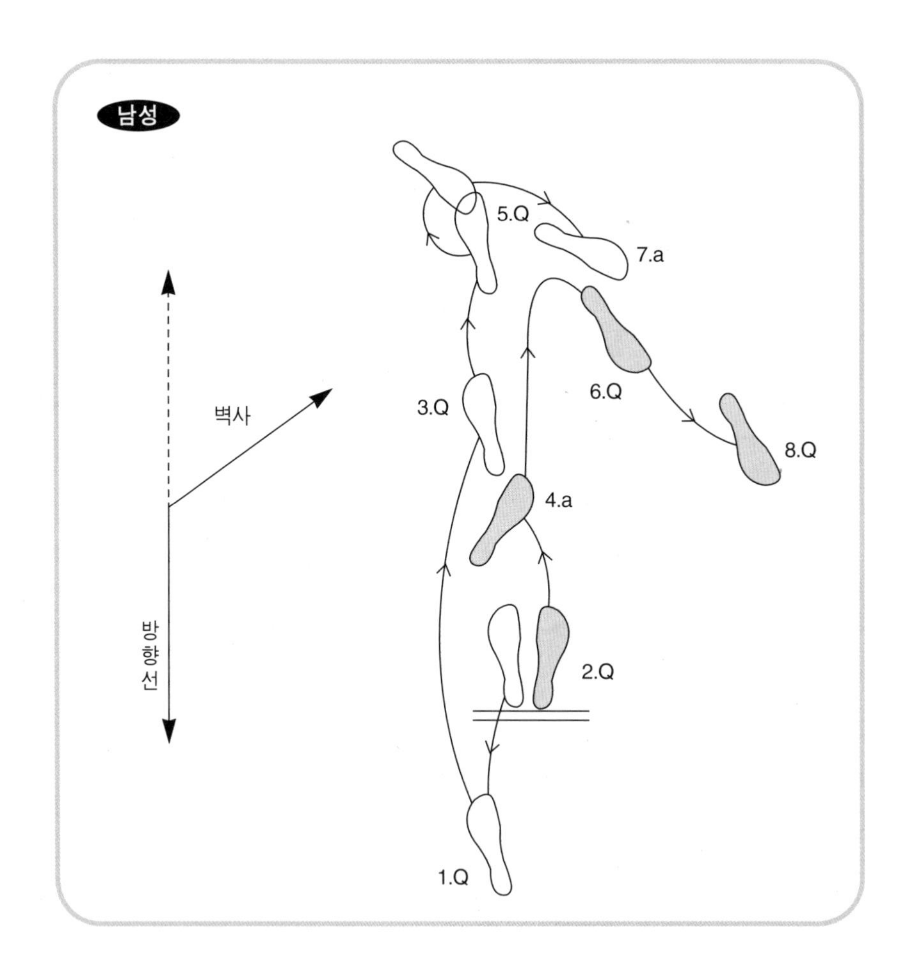
남성
5.Q
7.a
6.Q
3.Q
벽사
8.Q
4.a
방향선
2.Q
1.Q

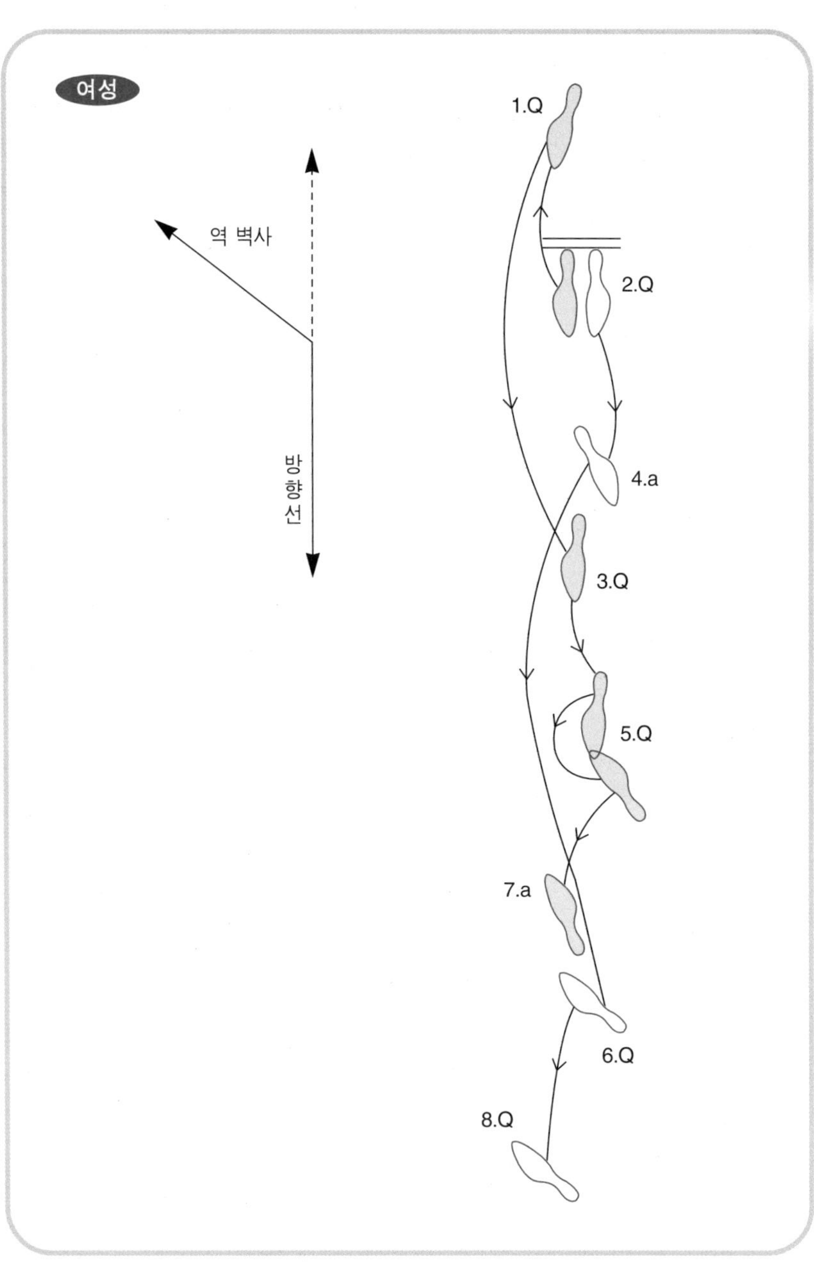
여성
역 벽사
방향선
1.Q
2.Q
4.a
3.Q
5.Q
7.a
6.Q
8.Q

남성

<table>
<tr><th>스텝</th><th>발의 위치 & 리드</th><th>회전량</th><th>카운트</th><th>리듬</th></tr>
<tr><td>1</td><td>링크의 1~2보와 동일.</td><td>오른쪽으로 2보에서
회전 시작.</td><td>1, 2</td><td>Q Q</td></tr>
<tr><td>3~5</td><td>샤세(L, R, L). 왼발 거의
오른발에 모은다.
오른쪽으로 회전하면서
여성을 왼쪽으로
회전하도록 한다.
손을 들어 그 아래로
회전할 수 있도록 한다.</td><td>3~5보 사이
오른쪽으로 3/8회전.</td><td>3 a 4</td><td>Q a Q</td></tr>
<tr><td rowspan="2">6~8</td><td rowspan="2">오른발 전진하며 샤세
(R, L, R). 여성이 왼쪽으로
완전히 회전을 이루도록
한다. 그리고 여성의
회전이 거의 끝나면
들었던 손을 내려 준다.</td><td rowspan="2">없음.</td><td>3 a 4</td><td>Q a Q</td></tr>
<tr><td colspan="2">1½ 소절</td></tr>
</table>

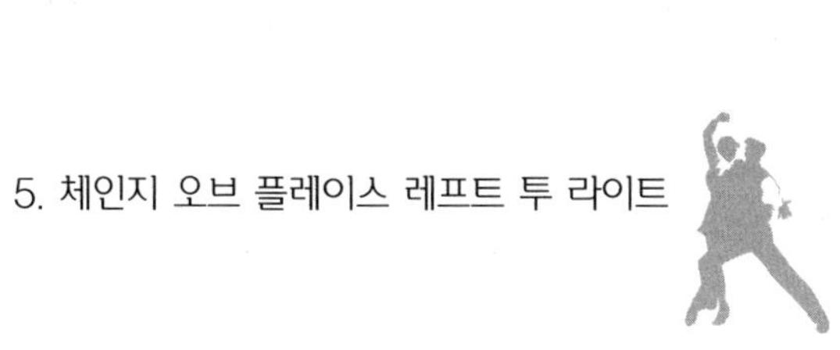

여성

<table>
<tr><th>스텝</th><th>발의 위치</th><th>회전량</th><th>카운트</th><th>리듬</th></tr>
<tr><td>1</td><td>링크의 1~2보와 동일.</td><td>2보에서 회전 시작.</td><td>1, 2</td><td>Q Q</td></tr>
<tr><td>3~5</td><td>샤세(R, L, R). 왼쪽으로 회전하며, 남성이 들어 준 손 아래로 회전.</td><td rowspan="3">왼쪽으로 계속 회전.
2~6보 사이에 회전량 3/4.</td><td>3 a 4</td><td>Q a Q</td></tr>
<tr><td rowspan="2">6~8</td><td rowspan="2">왼쪽으로 계속 회전.
왼발 뒤로 후진하며 샤세 (L, R, L).</td><td>3 a 4</td><td>Q a Q</td></tr>
<tr><td colspan="2">1½ 소절</td></tr>
</table>

6. 체인지 오브 핸즈 비하인드 백 (Change of Hands behind Back)

오픈 페이싱 포지션(Open Facing Position)으로 시작하여 같은 포지션으로 끝낸다.

이 피겨는 등뒤(허리 부분)로 여성의 손을 바꿔 잡으며, 여성을 반대쪽으로 보내 주는 피겨이다.

손을 교체하는 방법을 알아보도록 하자.

Ⓐ 남성이 왼손으로 여성의 오른손을 잡고 시작하여, 남성의 왼손을 오른손으로 허리 부분에서 교체하여 허리 뒷부분을 통과하여 다시 왼손으로 교체하여 잡는 방법.

Ⓑ 남성이 오른손으로 여성의 오른손을 잡고 시작하여(Hand Shake Hold) 허리 뒷부분을 통과하여 다시 왼손으로 잡는 방법.

Ⓒ 남성이 왼손으로 시작하여 뒷부분을 통과할 때 손을 놓았다가 다시 왼손으로 여성의 오른손을 잡는 방법(이때 여성은 남성의 허리 오른쪽 부분에서 등허리 쪽을 스쳐 지나가듯 지난 뒤 오른손으로 남성의 왼손을 잡고 오픈 페이싱 포지션을 취한다).

1

시작

2

1보

3

2보

4

3보

5

4보

6

5보

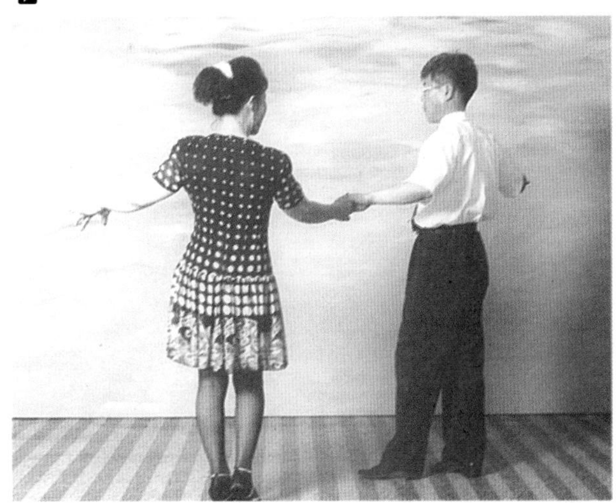

6보

8

7보

9

8보

남성

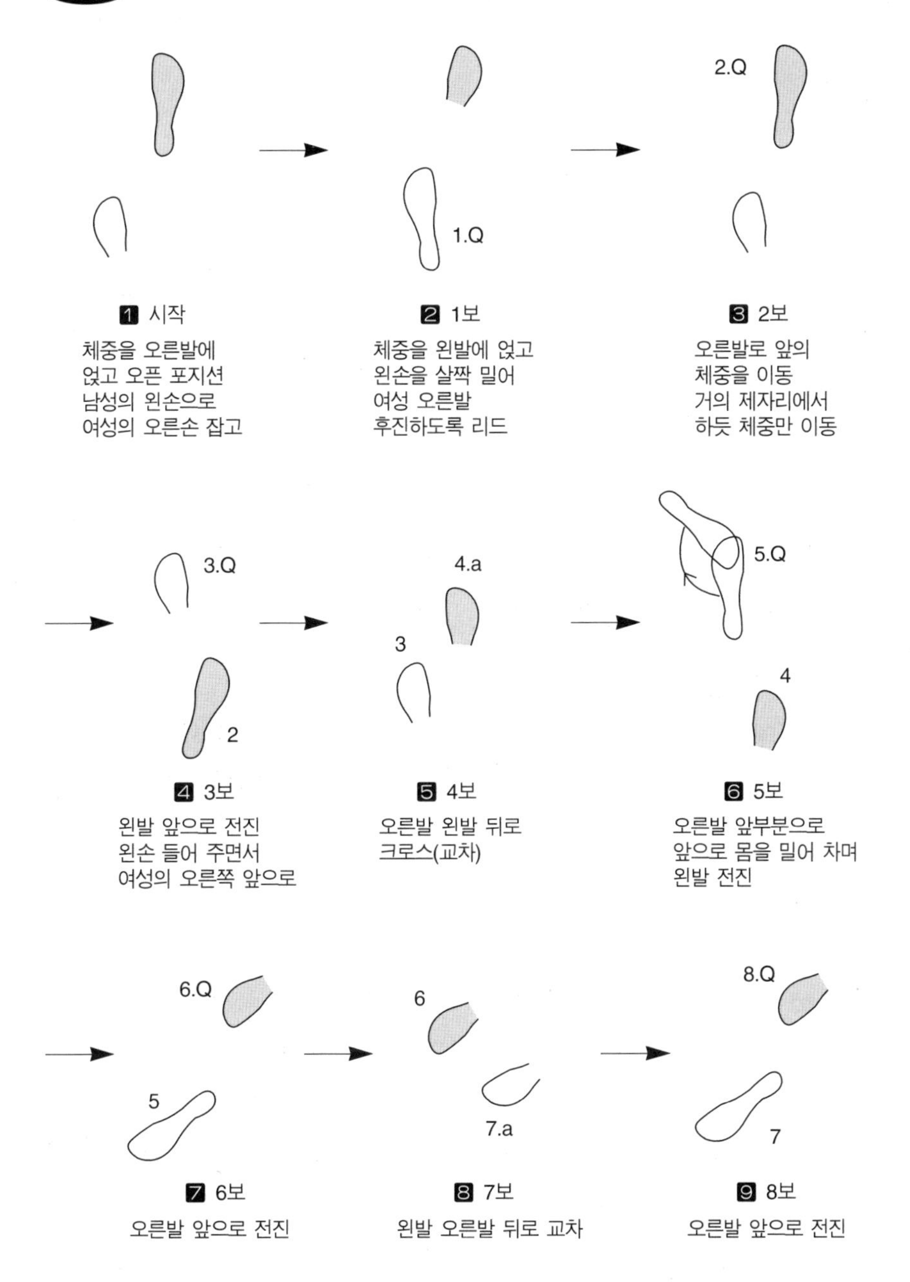

1 시작
체중을 오른발에
얹고 오픈 포지션
남성의 왼손으로
여성의 오른손 잡고

2 1보
체중을 왼발에 얹고
왼손을 살짝 밀어
여성 오른발
후진하도록 리드

3 2보
오른발로 앞의
체중을 이동
거의 제자리에서
하듯 체중만 이동

4 3보
왼발 앞으로 전진
왼손 들어 주면서
여성의 오른쪽 앞으로

5 4보
오른발 왼발 뒤로
크로스(교차)

6 5보
오른발 앞부분으로
앞으로 몸을 밀어 차며
왼발 전진

7 6보
오른발 앞으로 전진

8 7보
왼발 오른발 뒤로 교차

9 8보
오른발 앞으로 전진

여성

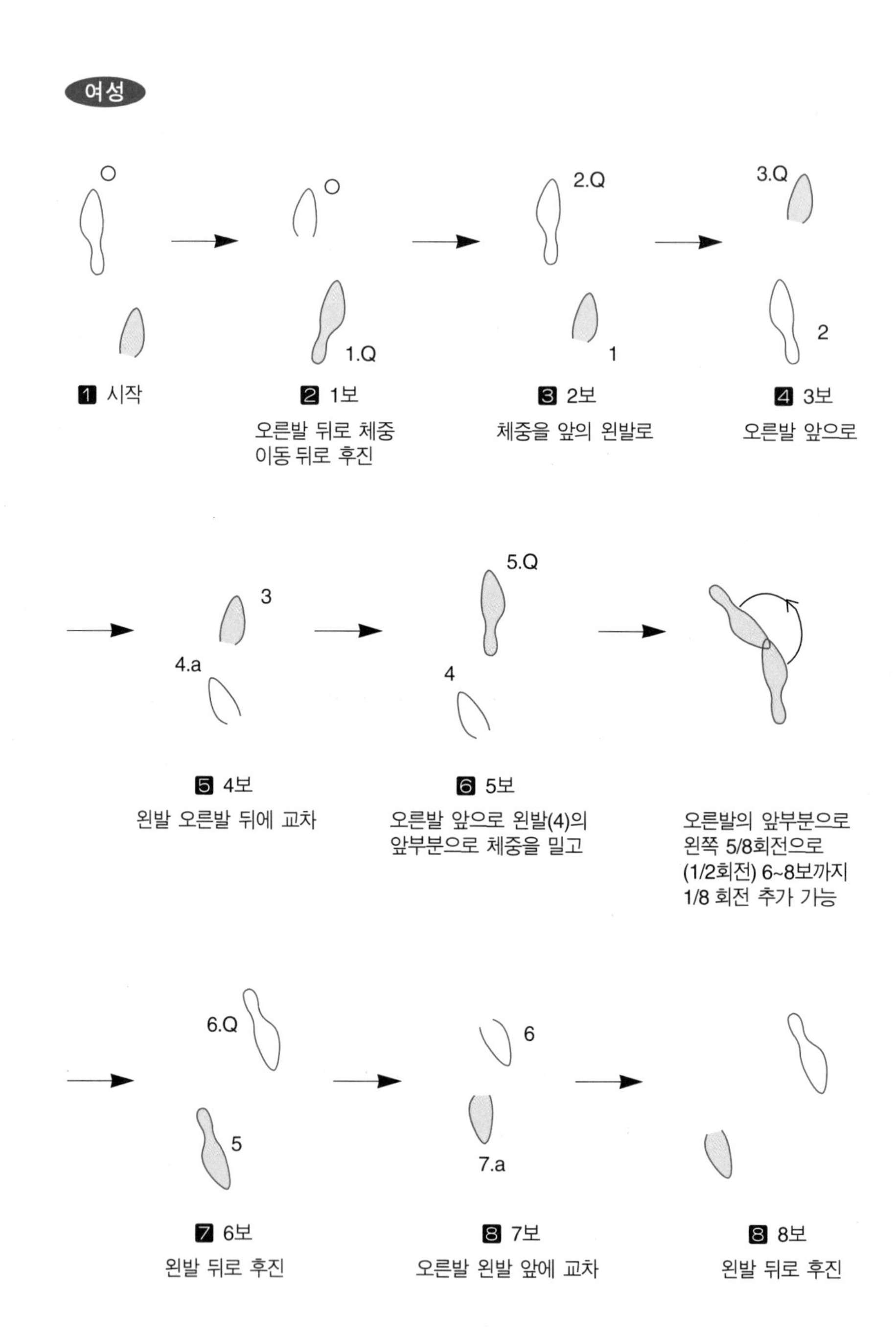

1 시작

2 1보
오른발 뒤로 체중 이동 뒤로 후진

3 2보
체중을 앞의 왼발로

4 3보
오른발 앞으로

5 4보
왼발 오른발 뒤에 교차

6 5보
오른발 앞으로 왼발(4)의 앞부분으로 체중을 밀고

오른발의 앞부분으로 왼쪽 5/8회전으로 (1/2회전) 6~8보까지 1/8 회전 추가 가능

7 6보
왼발 뒤로 후진

8 7보
오른발 왼발 앞에 교차

8 8보
왼발 뒤로 후진

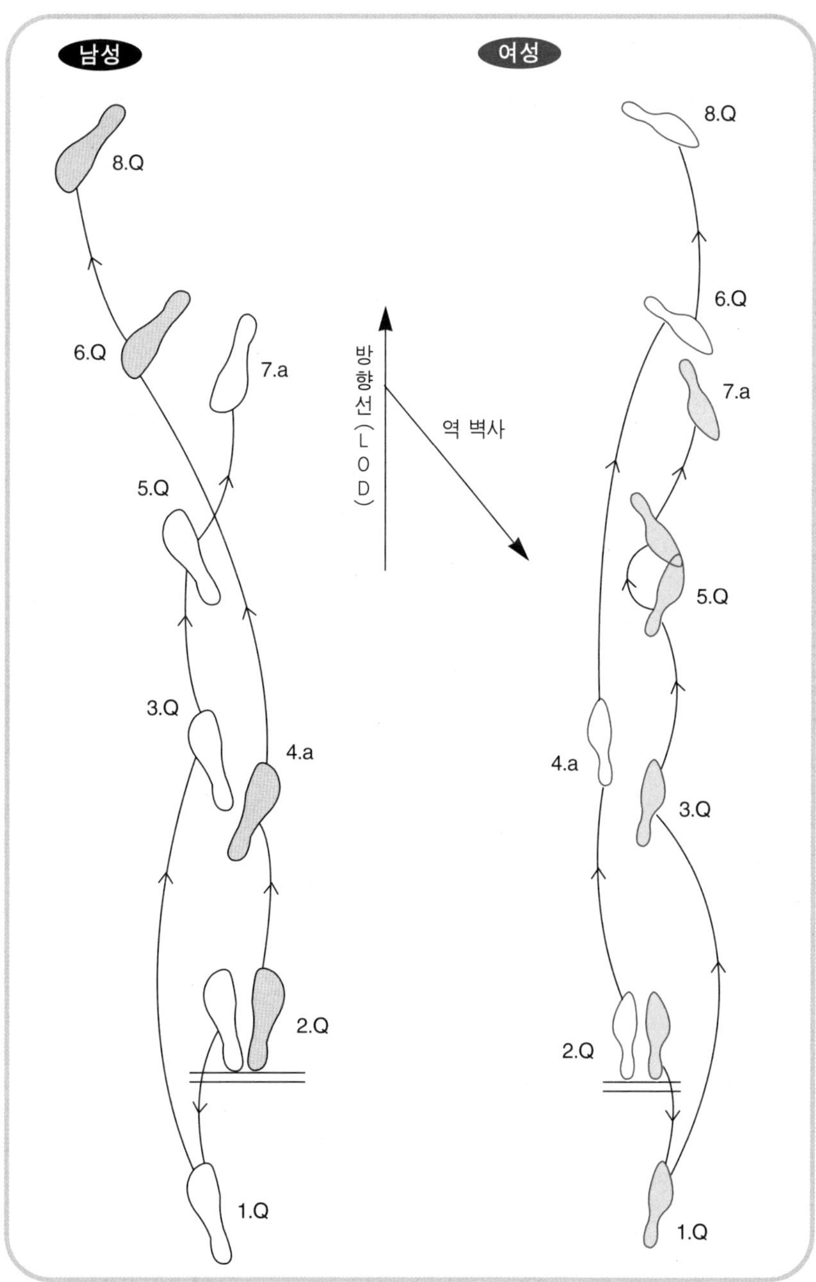
남성
여성
8.Q
6.Q
7.a
5.Q
3.Q
4.a
2.Q
1.Q
방향선(LOD)
역 벽사
8.Q
6.Q
7.a
5.Q
4.a
3.Q
2.Q
1.Q

남성

스텝	발의 위치 & 리드	회전량	카운트	리듬
1~2	링크의 1~2보와 동일.	없음.	1, 2	Q Q
3~5	여성을 남성의 오른쪽 옆 앞으로 전진하도록 리드. 오른손으로 여성의 오른손을 잡고 남성의 왼손으로 교체하여 잡는다. 왼발 전진하며 샤세.	왼쪽으로 회전 시작.	3 a 4	Q a Q
6~8	여성의 오른손을 남성의 오른손에서 왼손으로 바꾸어 잡는다. 남성의 등뒤 쪽에서 왼쪽으로 회전하며 샤세(R, L, R, Ⓡ). Ⓡ은 후진하도록 한다.	왼쪽으로 계속 회전. 3~8보 사이 1/2회전 완료.	3 a 4	Q a Q
			1½ 소절	

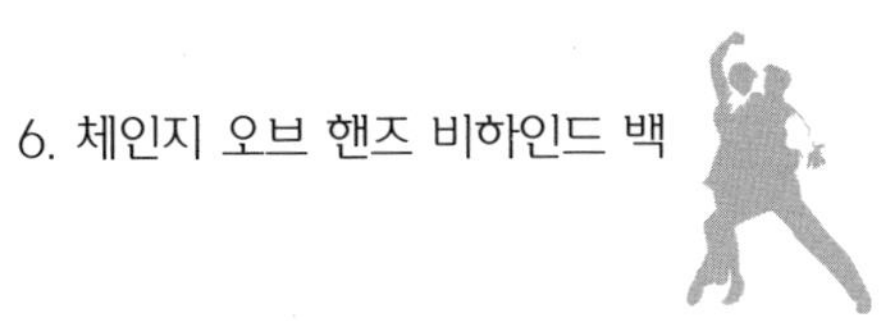

여성

<table>
<tr><th>스텝</th><th>발의 위치</th><th>회전량</th><th>카운트</th><th>리듬</th></tr>
<tr><td>1~2</td><td>링크의 1~2보와 동일.</td><td>없음.</td><td>1, 2</td><td>Q Q</td></tr>
<tr><td>3~5</td><td>(R, L, R). 남성의 오른쪽으로 움직이며, 오른쪽으로 계속 회전.</td><td>오른쪽으로 회전 시작.</td><td>3 a 4</td><td>Q a Q</td></tr>
<tr><td rowspan="2">6~8</td><td rowspan="2">오른쪽으로 회전하며 샤세 (L, R, Ⓛ).
끝의 Ⓛ은 뒤로.</td><td rowspan="2">3~8보 사이에 오른쪽으로 1/2회전 완료.</td><td>3 a 4</td><td>Q a Q</td></tr>
<tr><td colspan="2">1½ 소절</td></tr>
</table>

7. 아메리칸 스핀 (American Spin)

남성의 오른손과 여성의 오른손이 팽팽한 상태를 유지하며, 힘이 맞부딪쳐 튕기듯이 한다. 남성은 밀어 주는 형태를 이루고, 여성은 그 탄력을 이용하여 회전을 이룬다.

이때 여성은 같이 리드를 하되 팽팽한 상태를 이루며 전진하다 5보에서 남성의 순간적인 스타카토 리드에 반동을 이용하여 회전을 수월하게 하도록 한다.

지나치게 몸(상체)을 앞으로 구부린다거나 숙이는 행동은 금하고, 팔도 잡아당기는 듯한 동작은 피해야 할 것이다.

오픈 페이싱 포지션으로 시작을 하는데, 남성은 오른손으로 여성의 오른손을 잡고 행한다. 이 경우에도 여러 형태의 방법이 있다.

Ⓐ 남성이 오른손으로 여성 오른손을 잡고 5보에서 손을 놓고 행하는 방법.

Ⓑ 남성이 왼손으로 여성의 오른손을 잡고 5보에서 손을 놓고 행하는 방법.

Ⓒ 남성이 왼손으로 여성의 오른손을 잡고 손을 들어 돌려 주는 방법.

여성이 회전을 하는 동안 남성은 제자리에서 스텝을 행하고, 회전이 완료된 후 왼손으로 여성의 오른손을 잡고 피겨를 마무리한다. 끝 동작 역시 오픈 페이싱 포지션이다.

1

시작

2

1보

3

2보

4

3보

5

4보

6

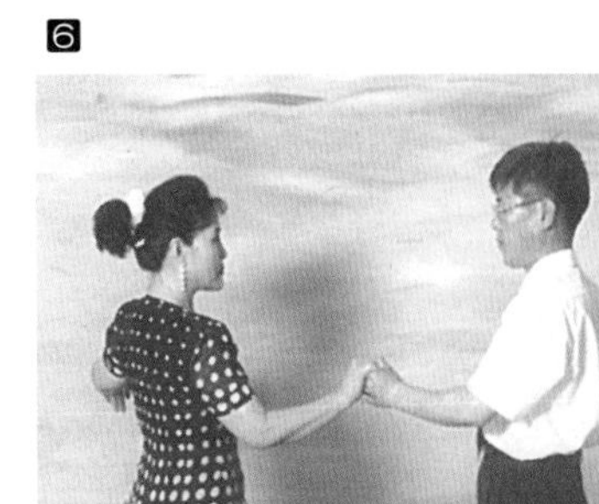

5보

6보

8

7보

8보

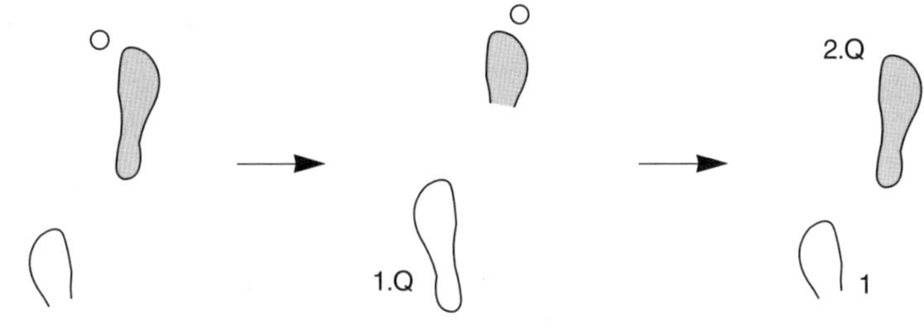

1 시작
체중 오른발에 얹고
시작, 남성 오른손
여성 오른손

2 1보
왼발 뒤로 하여
체중 이동

3 2보
체중 앞의 오른발로 이동
(거의 제자리에서 하듯)

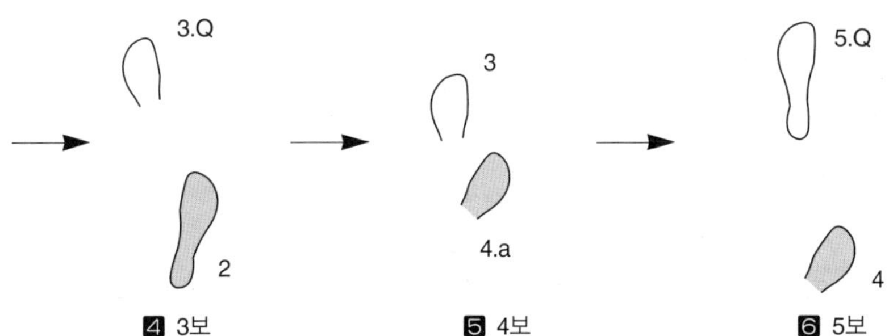

4 3보
왼발 오른발 앞으로
크로스 거의 제자리

5 4보
오른발 왼발 뒤에
크로스. 거의 제자리에서

6 5보
왼발 오른발 옆으로
하여 약간 앞으로
거의 제자리에서

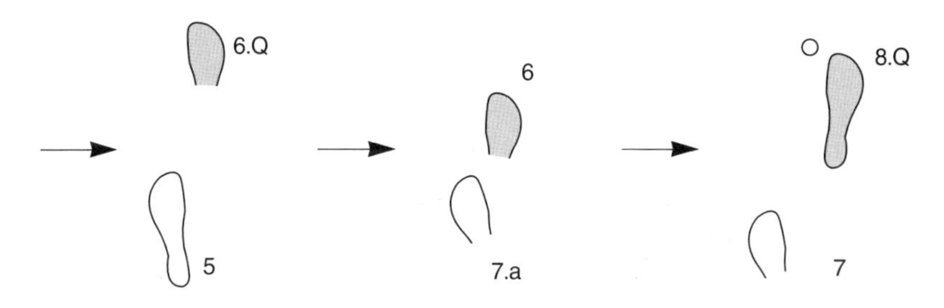

7 6보
오른발 왼발 옆으로
하여 약간 앞으로
거의 제자리에서

8 7보
왼발 오른발 뒤에 크로스
거의 제자리에서

9 8보
오른발 왼발 옆으로 하여 앞에
거의 제자리에서
체중 오른발에 얹고.

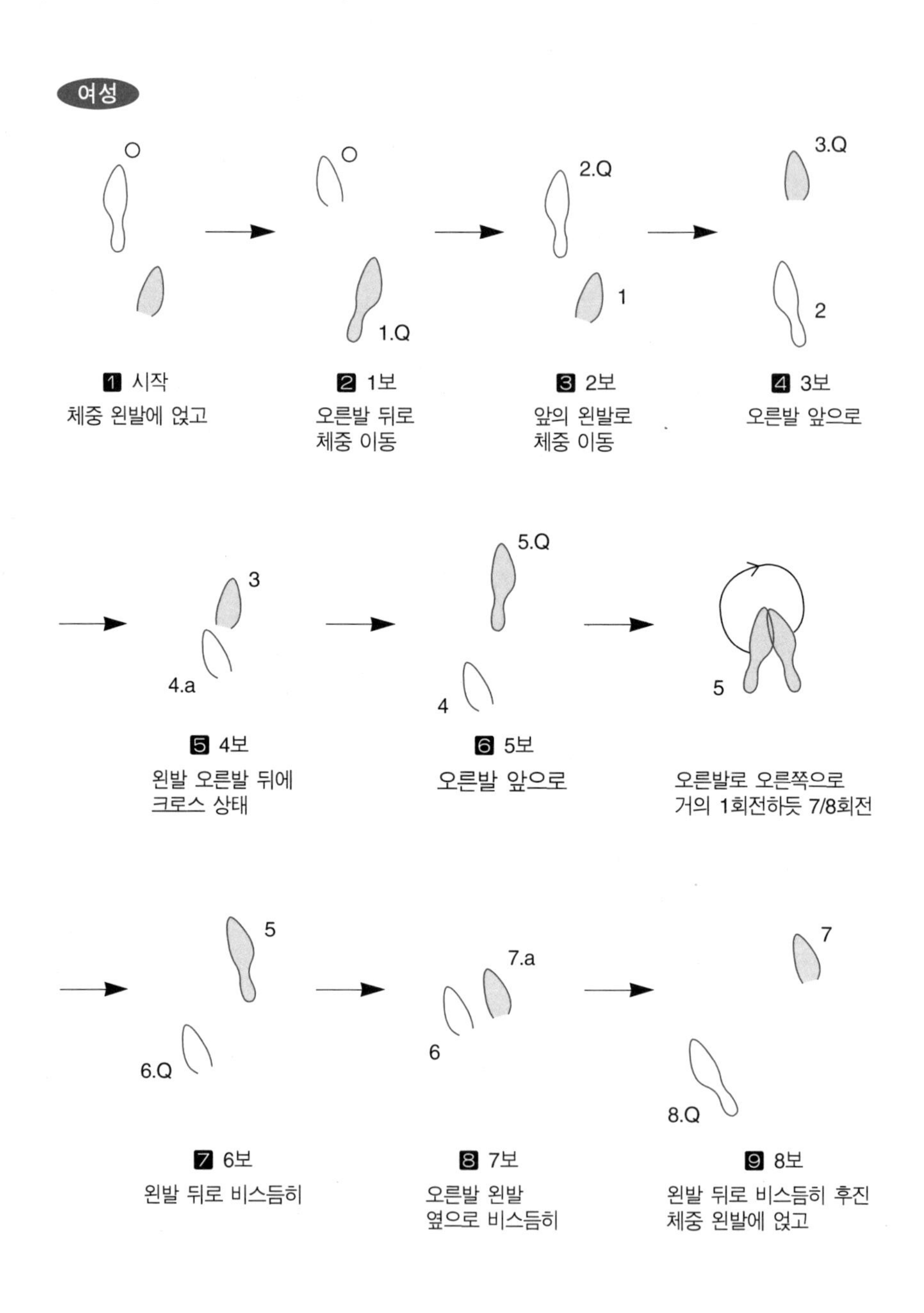
여성
1.Q
2.Q
1
3.Q
2
1 시작
체중 왼발에 얹고
2 1보
오른발 뒤로
체중 이동
3 2보
앞의 왼발로
체중 이동
4 3보
오른발 앞으로
3
4.a
5.Q
4
5
5 4보
왼발 오른발 뒤에
크로스 상태
6 5보
오른발 앞으로
오른발로 오른쪽으로
거의 1회전하듯 7/8회전
5
6.Q
7.a
6
7
8.Q
7 6보
왼발 뒤로 비스듬히
8 7보
오른발 왼발
옆으로 비스듬히
9 8보
왼발 뒤로 비스듬히 후진
체중 왼발에 얹고

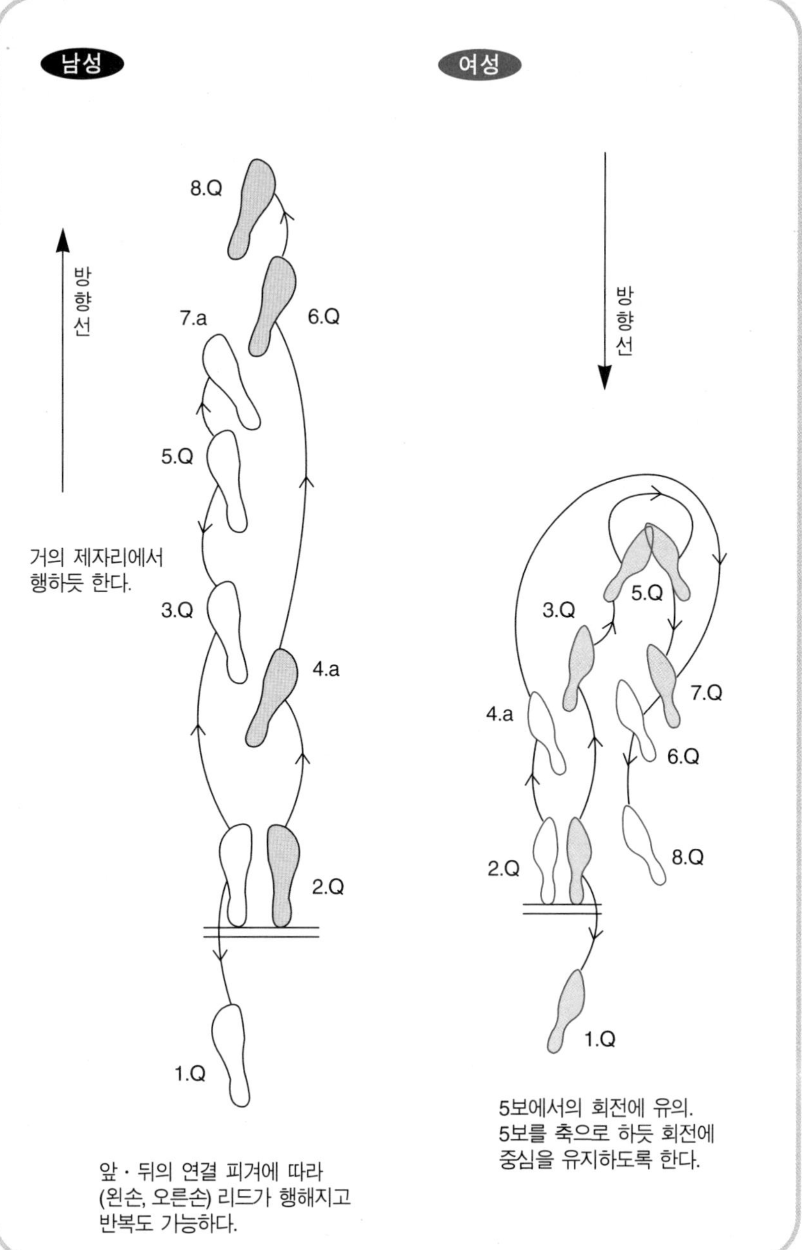
남성
여성
8.Q
방향선
7.a
6.Q
5.Q
거의 제자리에서
행하듯 한다.
3.Q
4.a
2.Q
1.Q
앞 · 뒤의 연결 피겨에 따라
(왼손, 오른손) 리드가 행해지고
반복도 가능하다.
방향선
5.Q
3.Q
7.Q
4.a
6.Q
2.Q
8.Q
1.Q
5보에서의 회전에 유의.
5보를 축으로 하듯 회전에
중심을 유지하도록 한다.

남성

스텝	발의 위치 & 리드	회전량	카운트	리듬
1~2	링크의 1~2보와 동일.	없음.	1, 2	Q Q
3~5	제자리에서 샤세(L, R, L). 왼발 거의 오른발에 모은다. 여성 앞으로 나오도록 리드. 그리고 오른발로 버팀이 되도록 한다. 5보의 오른발에서 여성이 오른쪽으로 회전을 하도록 오른손 놓아 주며 리드 (밀면서).	없음.	3 a 4	Q a Q
6~8	제자리에서 샤세(R, L, R). 오른손 혹은 왼손으로 여성의 오른손을 잡는다. 여성의 회전이 거의 끝났을 무렵.	없음.	3 a 4	Q a Q
			1½ 소절	

여성

스텝	발의 위치	회전량	카운트	리듬
1~2	링크의 1~2보와 동일.	없음.	1, 2	Q Q
3~5	오른발 앞으로 샤세 (R, L, R). 남성의 오른팔을 약간 미는 듯한 기분으로. 오른발 5보에서 오른쪽으로 회전.	5보에서 오른쪽으로 거의 1/2회전.	3 a 4	Q a Q
6~8	샤세(L, R, Ⓛ). 오른쪽으로 회전을 계속. Ⓛ 끝의 왼발은 뒤로.	오른쪽으로 회전 계속. 5~8보 사이에 거의 1회전을 마무리한다.	3 a 4	Q a Q
			1½ 소절	

8. 프롬나드 워크 (Promenade Walk)

프롬나드 포지션(Promenade Position)에서 이루어지는 자이브의 워크이다.

워크는 스리 스텝과 원 스텝의 2종류로 구별을 한다.

또 스리 스텝과 원 스텝을 혼합한 혼합형 스타일(Combination)을 사용하기도 한다.

일반적으로 워크라고 하면 혼합된 형태의 콤비네이션 스타일을 많이 선호하고 즐겨 추는 편이다.

느린 템포와 빠른 템포는 피겨의 중간중간에 워크로서 부분적으로 많이 사용되고 있다.

워크의 구별과 의미에 대해서 포괄적인 면도 이해를 해야 할 것이다.

일반적으로 자이브를 출 때 워크에 있어서의 잘못된 점을 지적해 보자.

제일 문제가 되는 것이 올바른 프롬나드 포지션(P.P)이다. 원 스텝이든 스리 스텝이든 정확한 P.P 상태가 이루어지지 않고 직선 상태로 무조건 앞으로 걷는 식의 자세가 나온다. 그러므로 정확한 자이브의 워크가 이루어지지 않아 모양새가 아름답지 못하다.

특히 샤세인 스리 스텝의 경우 왼쪽 샤세(L, R, L)인 경우, 이 경우는 그래도 약간은 덜하다.

오른쪽 샤세(R, L, R)에서 6~8보의 경우 6보의 오른발이 몸을 가로질러 왼발 앞으로의 전진이다. 문제는 여기서 발생한다. 6보까지는 어느 정도 되는데, 7보의 왼발에서 방향선(L.O.D)을 향하여 정면으로 서서, 즉 알기 쉬운 표현으로 까치발로 하듯 전진한다. 이것이 가장 큰 원인이 되어 자이브 워크의 맛이 사라져 버린다.

6, 7, 8보에 있어서 약간의 로킹(Locking, 교차된 형태) 스타일이 포함된 프롬나드 포지션(P.P)이 이루어지면서 되는 것이다.

그림으로 설명을 해 보자.

● 워크의 잘못된 경우

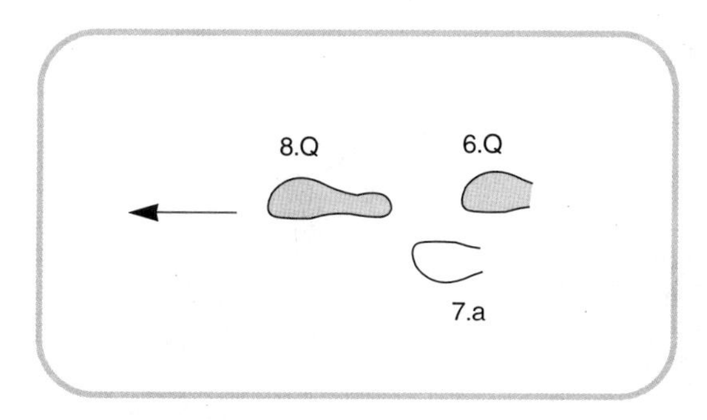

● 워크의 정상적인 경우

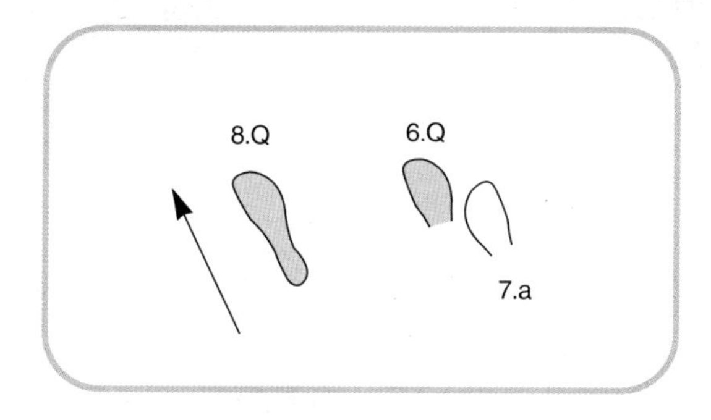

형태가 완전히 다르다는 것을 알 수 있을 것이다.

원 스텝[Single Step]의 경우도 마찬가지이다.

남성은 메렝게 액션(Merengue Action)이 사용되는데, 간혹 여성의 경우처럼 스위블(Swivel) 동작을 행하기도 하는데, 이것은 수정이 되어야 할 것이다.

1보

2보

3보

4보

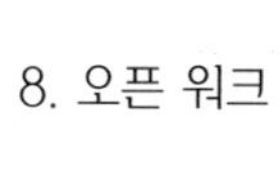

5보

6

6보

7보

8

8보

남성

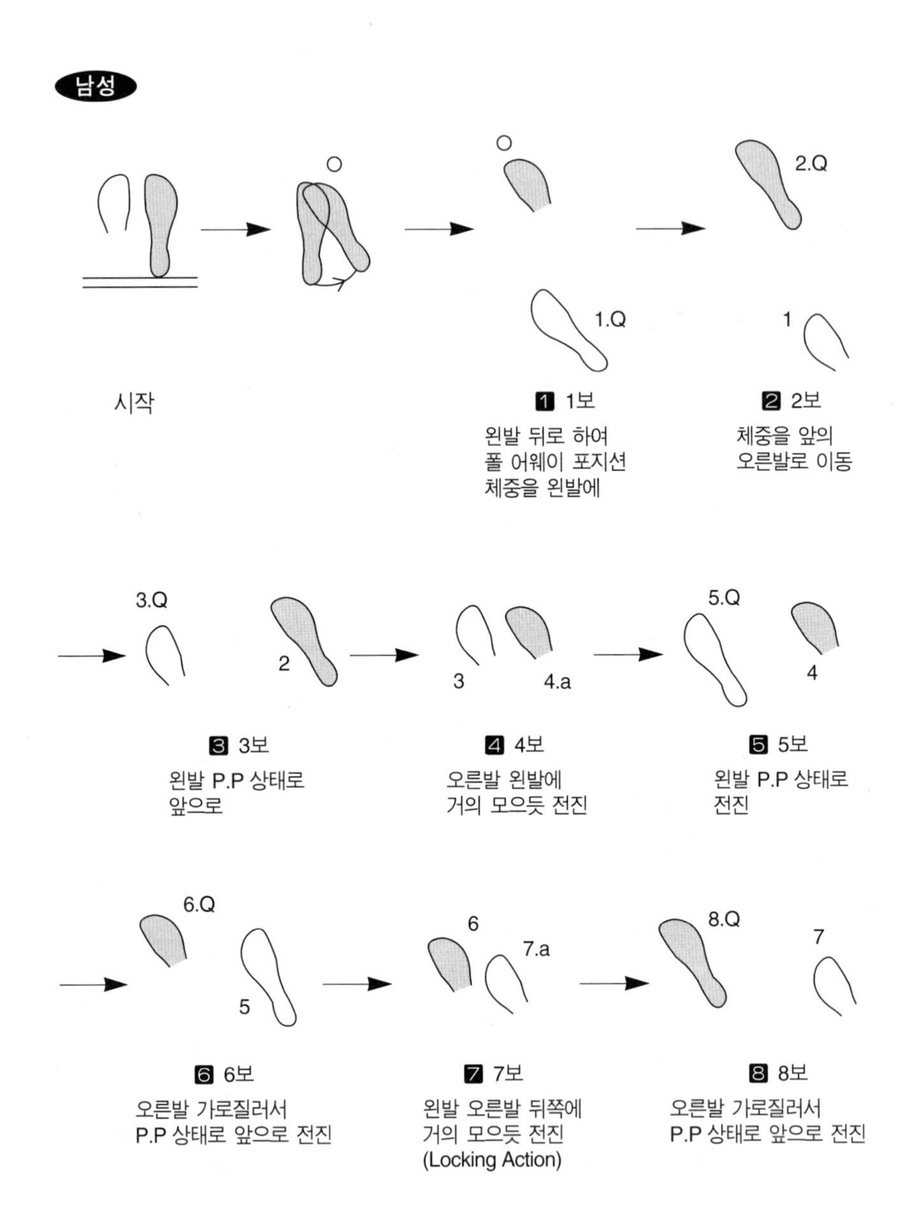

시작

❶ 1보
왼발 뒤로 하여
폴 어웨이 포지션
체중을 왼발에

❷ 2보
체중을 앞의
오른발로 이동

❸ 3보
왼발 P.P 상태로
앞으로

❹ 4보
오른발 왼발에
거의 모으듯 전진

❺ 5보
왼발 P.P 상태로
전진

❻ 6보
오른발 가로질러서
P.P 상태로 앞으로 전진

❼ 7보
왼발 오른발 뒤쪽에
거의 모으듯 전진
(Locking Action)

❽ 8보
오른발 가로질러서
P.P 상태로 앞으로 전진

여성

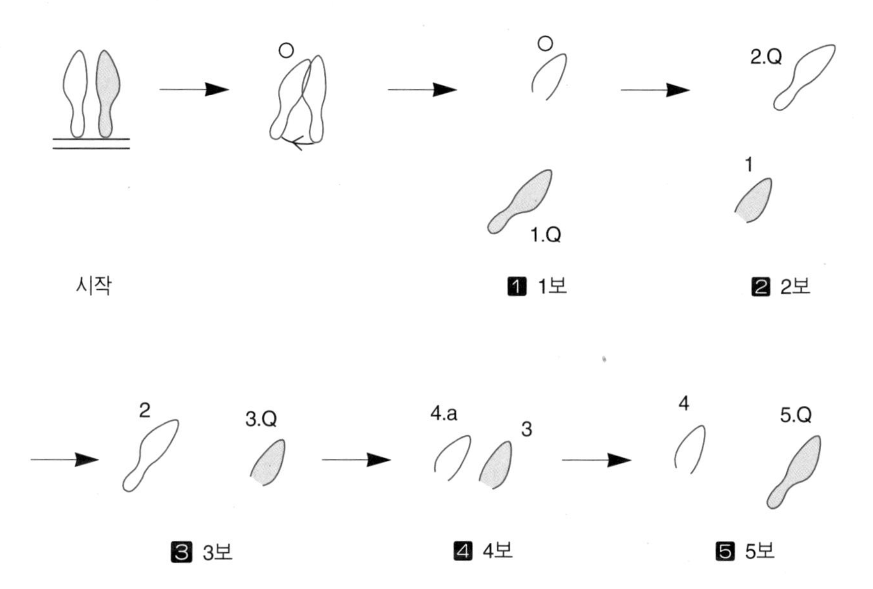

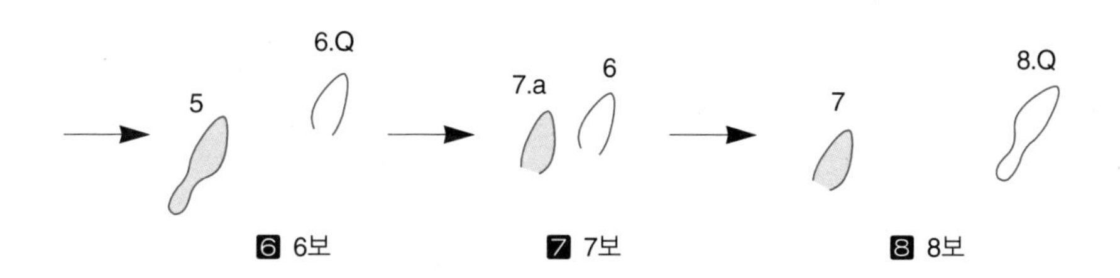

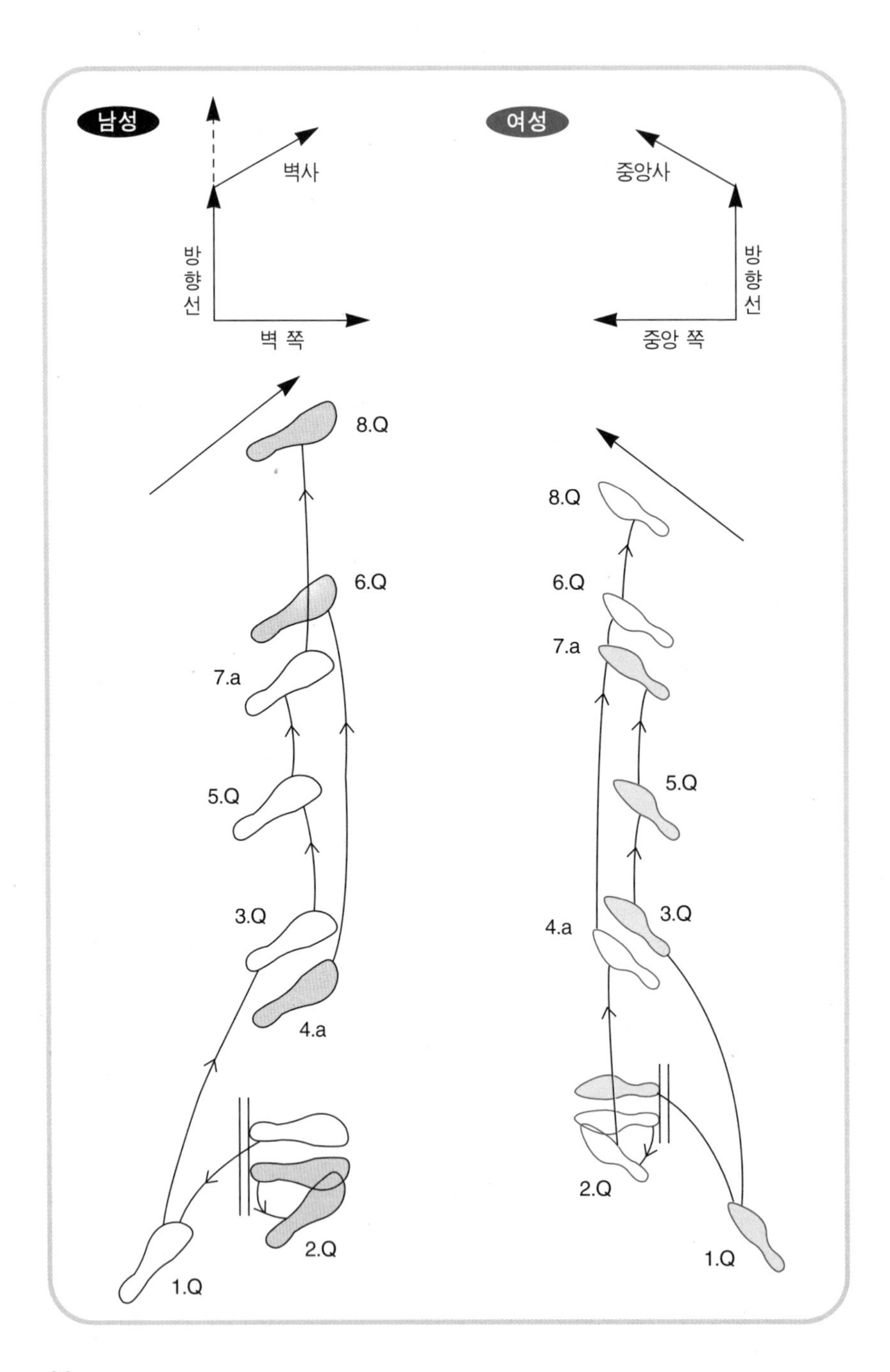
남성
벽사
방향선
벽 쪽
8.Q
6.Q
7.a
5.Q
3.Q
4.a
2.Q
1.Q
여성
중앙사
방향선
중앙 쪽
8.Q
6.Q
7.a
5.Q
3.Q
4.a
2.Q
1.Q

남성

스텝	발의 위치 & 리드	회전량	카운트	리듬
1~2	폴 어웨이 록의 1~2보와 동일.	1보에서 왼쪽으로 1/8회전.	1, 2	Q Q
3~5	왼발 비스듬히 앞으로 샤세(L, R, L). 여성을 왼쪽으로 회전하도록 리드.	없음.	3 a 4	Q a Q
6~8	오른발 P.P인 상태로 앞으로 전진. 샤세(R, L, R). 여성을 오른쪽으로 회전하도록 리드.	없음.	3 a 4	Q a Q
			1½ 소절	

여성

스텝	발의 위치	회전량	카운트	리듬
1~2	폴 어웨이 록의 1~2보와 동일.	1보에서 왼쪽으로 1/4회전.	1, 2	Q Q
3~5	오른발 옆으로 샤세 (R, L, R). 왼쪽으로 회전하며.	2보에서 왼쪽으로 회전 시작. 계속 회전하여 왼쪽으로 2~3보에서 1/4회전 완료. 5보에서 왼쪽으로 회전 시작.	3 a 4	Q a Q
6~8	P.P인 상태로 왼발 앞으로 오른쪽으로 회전하며 샤세(L, R, L).	5~6보에서 오른쪽으로 회전량 1/4 완료. 8보에서 왼쪽으로 회전 시작.	3 a 4	Q a Q
			1½ 소절	

9. 윕 (Whip)

이 피겨는 채찍질을 하듯 재빨리 잡아채듯 행하는 것이 특징이다.

링크(Link)를 행한 후, 1~5보를 행한 다음 크로스 상태(교차하여)로 2보를 행하거나 2보를 반복하여 4보를 행하는 더블 윕(Double Whip)도 있다.

2보 또는 4보를 행한 후 오른쪽 샤세를 행하고 마무리한다. 클로즈드 홀드로 시작하여 클로즈드 홀드로 끝낸다.

설명은 2보를 행한 후 샤세를 행하는 5보를 설명하기로 한다.

남성은 이 피겨를 행하면서 1보와 2보의 홀드 상태가 흐트러지지 않도록 유의해야 한다.

5보까지 행한 후 다른 피겨로 연결하여 행한다. 폴 어웨이 포지션으로 들어가는 것이 제일 무난하다.

윕(Whip)의 종류에 대하여

① 윕(Whip) — 위의 설명과 같다.

② 윕 스로어웨이(Whip Throwaway)
　윕(Whip)을 행하면서 3보에서 남성의 오른손을 놓고 보내면서 오픈 페이싱 포지션으로 들어간다.

③ 더블 크로스 윕(Double Cross Whip)
　윕(Whip)에서 1보와 2보를 반복(짝수 횟수:너무 많은 반복은 무리. 전체적으로 4보가 제일 무난)한다.

④ 컬리 윕(Curly Whip) — 설명 참조

⑤ 리버스 윕(Reverse Whip)

①의 윕은 내추럴(오른쪽 계통) 윕인데 내추럴은 생략되었다. 반대방향(오른쪽으로 회전)의 윕이 리버스 윕이다. 추후 설명할 것이다.

1

시작

2

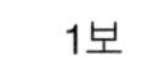

1보

3

2보

4

3보

5

4보

6

5보

남성

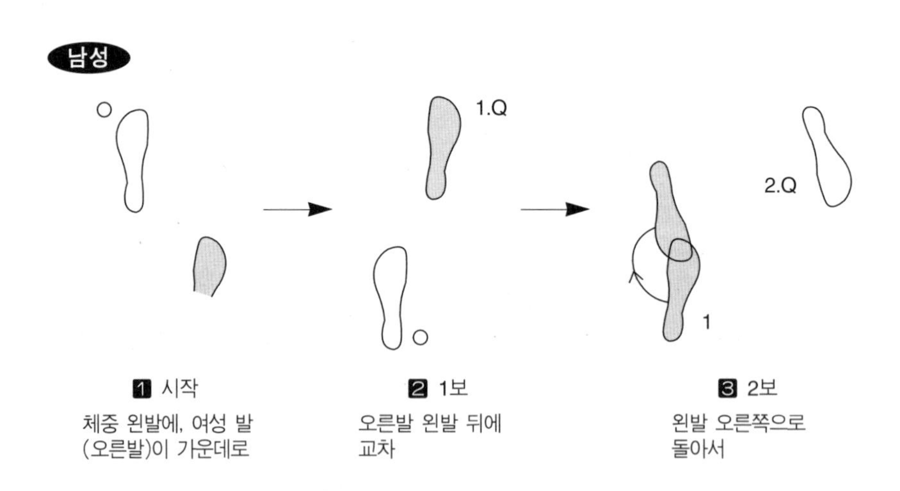

1 시작
체중 왼발에, 여성 발 (오른발)이 가운데로

2 1보
오른발 왼발 뒤에 교차

3 2보
왼발 오른쪽으로 돌아서

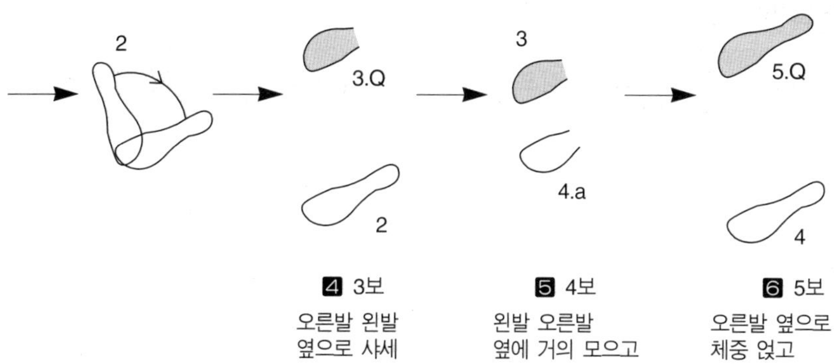

4 3보
오른발 왼발
옆으로 샤세

5 4보
왼발 오른발
옆에 거의 모으고

6 5보
오른발 옆으로
체중 얹고

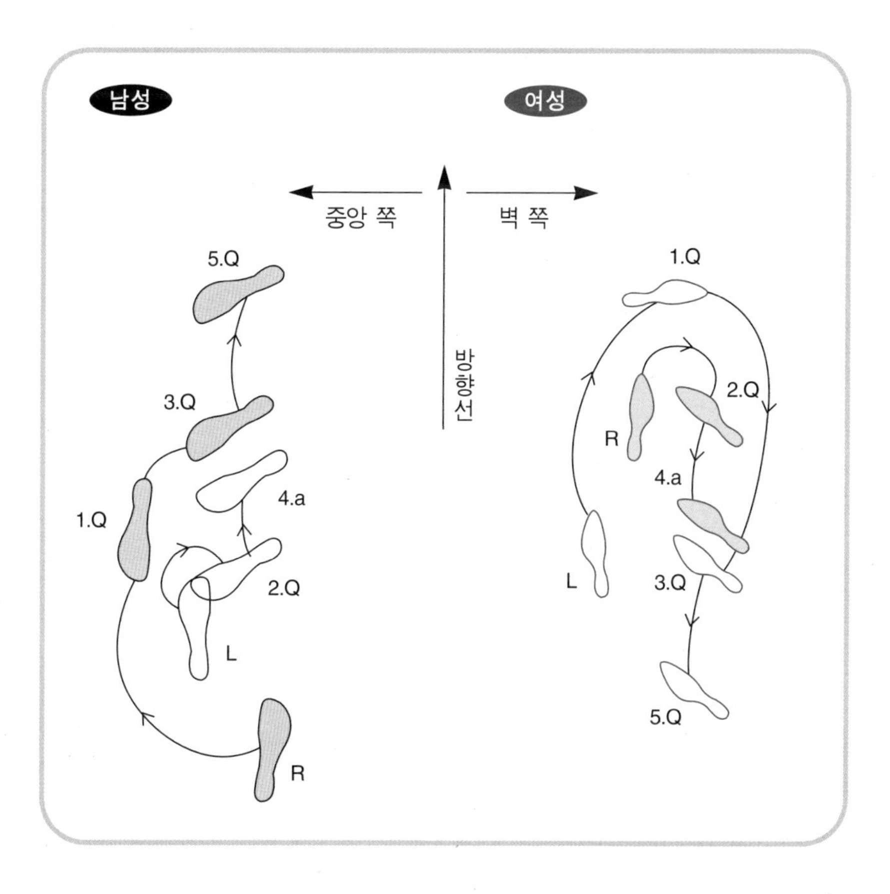

남성

스텝	발의 위치 & 리드	회전량	카운트	리듬
1	오른발 왼발 뒤로 하여 꼬인 상태. 발끝 부분(Toe)으로 턴을 한다.	1보에서 오른쪽으로 1/4회전.	1	Q
2	왼발 옆으로.	없음.	2	Q
3~5	오른발 옆으로, 아주 작은 스텝으로 샤세(R, L, R). 끝마무리는 폴 어웨이 포지션.	오른쪽으로 계속 회전. 3~5보 사이에 오른쪽으로 1/8 회전을 완료한다.	3 a 4	Q a Q
			1½ 소절	

여성

스텝	발의 위치	회전량	카운트	리듬
1	왼발 옆으로, 남성의 오른쪽 옆으로 하여.	오른쪽으로 1/4회전.	1	
2	오른발 남성의 발 사이로 하여 앞으로, 보폭은 작게.	1~2보 사이 오른쪽으로 1/4회전.	2	Q
3~5	왼발 옆으로 하여 왼쪽으로 샤세(L, R, L). 끝은 폴 어웨이 포지션.	오른쪽으로 계속 회전. 3~5보 사이에 회전량 3/8을 완료.	3 a 4	Q a Q
			1½ 소절	

자이브 JIVE

Silver 실버

중급

1 Whip Throwaway
윕 스로어웨이

2 Stop & Go
스톱 앤 고

3 Windmill
윈드밀

4 Spanish Arm
스패니시 암

5 Rolling Off the Arm
롤링 오프 디 암

1. 윕 스로어웨이 (Whip Throwaway)

이 피겨를 윕(Whip)과 스로어웨이(Throwaway)의 혼합 형태로 생각하면 안 된다.

1보와 2보에서 발의 교차된 상태를 유지하고, 2보의 끝부분에서 클로즈드 홀드 상태를 풀어 주는데, 이때 남성의 오른손을 놓아 주며 왼손으로 여성을 리드하여 여성이 남성과의 간격을 유지하도록 하여 준다.

시작할 때는 클로즈드 페이싱 포지션으로 시작을 하여 끝마무리는 오픈 페이싱 포지션으로 끝맺음을 하도록 한다. 1, 2보를 반복한 후 3~5보를 행하여도 된다

1

2

3

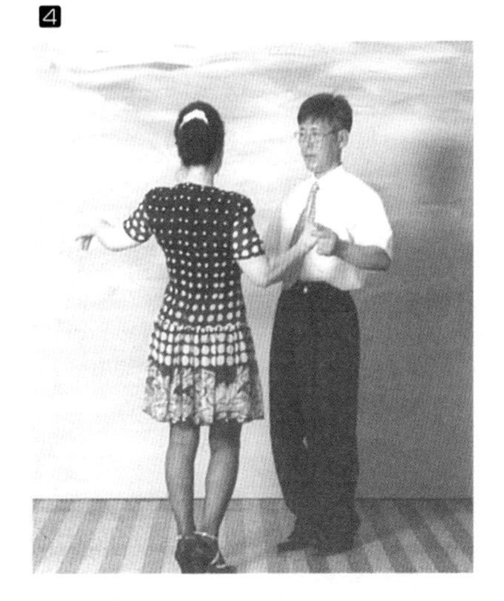
4

5

(Double Whip Throwaway).

웝(Whip)과 웝 스로어웨이(Whip Throwaway)의 차이점은 웝(Whip)은 클로즈드 홀드 상태(양손)를 계속 유지하는 것이고, 웝 스로어웨이는 시작할 때 클로즈드 홀드 상태를 유지하지만 끝은 오픈 페이싱 포지션으로 끝내는 것이 차이점이다.

웝(Whip)과 웝 스로어웨이(Whip Throwaway)를 차례대로 반복하여 숙달될 때까지 연습을 하다 보면 리드의 차이가 매우 중요하다는 사실을 알 수 있게 된다. 오른손을 놓는 타이밍을 놓치지 않도록 해야 여성이 미리 알아서 준비할 수가 있다.

남성

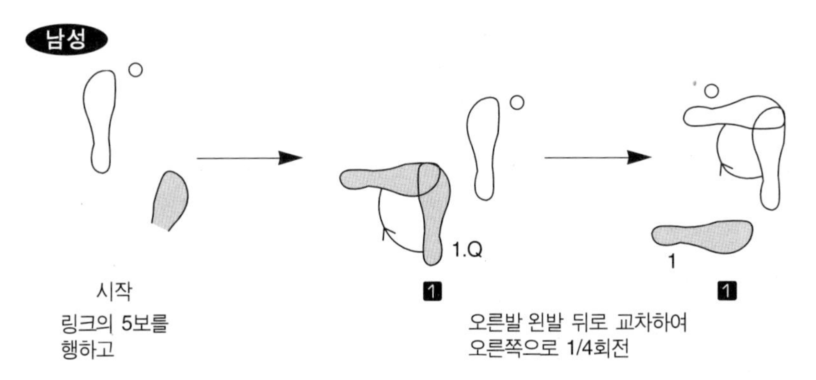

시작
링크의 5보를 행하고

1

1

오른발 왼발 뒤로 교차하여 오른쪽으로 1/4회전

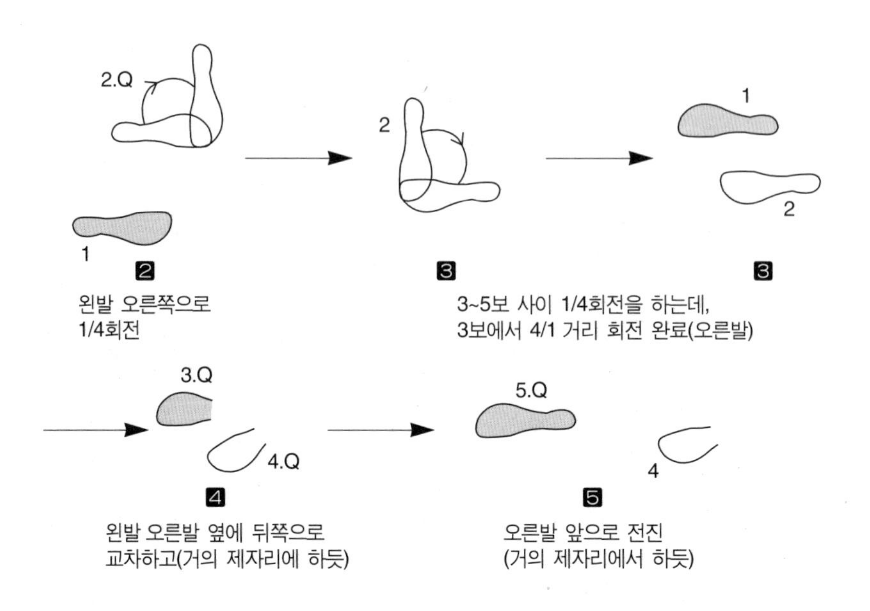
2.Q
1
2
1
2
2
왼발 오른쪽으로
1/4회전
3
3~5보 사이 1/4회전을 하는데,
3보에서 4/1 거리 회전 완료(오른발)
3
3.Q
4.Q
5.Q
4
4
왼발 오른발 옆에 뒤쪽으로
교차하고(거의 제자리에 하듯)
5
오른발 앞으로 전진
(거의 제자리에서 하듯)

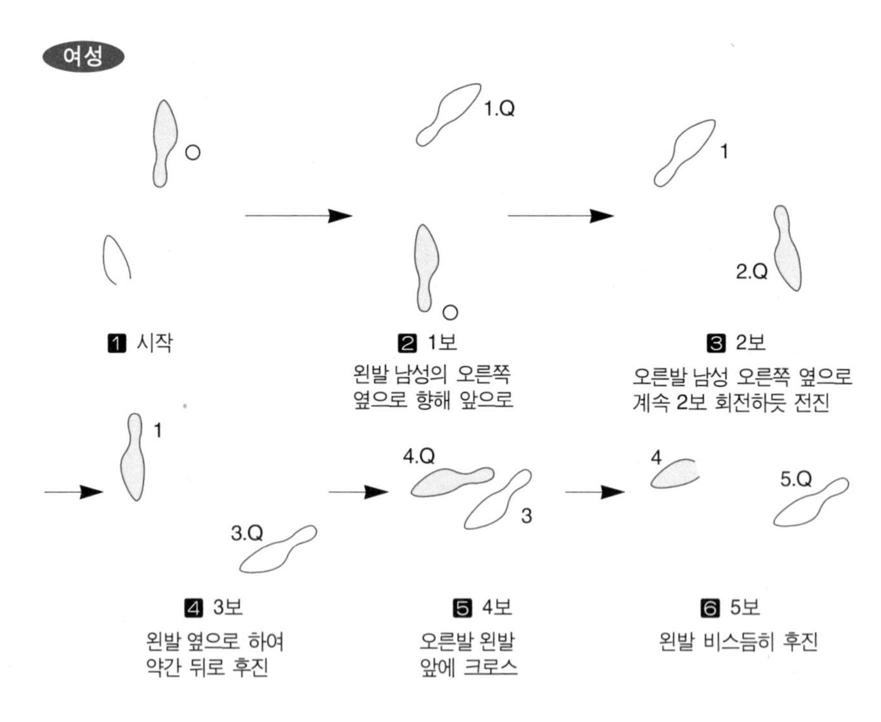
여성
1.Q
1
2.Q
1 시작
2 1보
왼발 남성의 오른쪽
옆으로 향해 앞으로
3 2보
오른발 남성 오른쪽 옆으로
계속 2보 회전하듯 전진
1
3.Q
4.Q
3
4
5.Q
4 3보
왼발 옆으로 하여
약간 뒤로 후진
5 4보
오른발 왼발
앞에 크로스
6 5보
왼발 비스듬히 후진

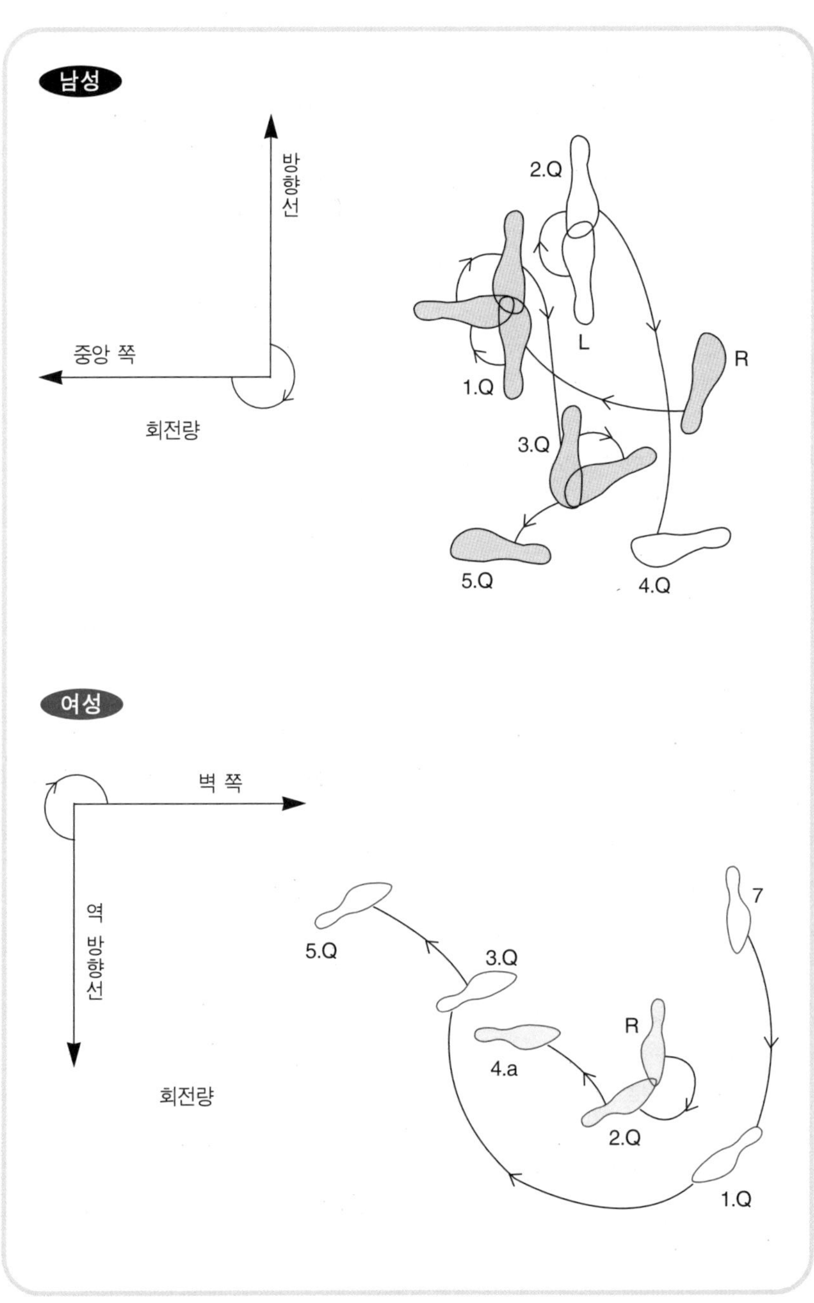
남성
방향선
중앙 쪽
회전량
2.Q
L
R
1.Q
3.Q
5.Q
4.Q
여성
벽 쪽
역 방향선
회전량
7
5.Q
3.Q
R
4.a
2.Q
1.Q

남성

스텝	발의 위치 & 리드	회전량	카운트	리듬
1	오른발 왼발 뒤로 하여 꼬인 상태. 발끝으로 회전(Toe Turn).	1보에 오른쪽으로 1/4회전.	1	Q
2	더블 홀드 상태에서 오른손을 놓아 주며 여성을 멀리 보내면서,	1~2보 사이에 1/4 오른쪽으로 회전.	1	Q
3~5	오른발 거의 왼발에 모으며 오른쪽 샤세(R, L, R). 거의 제자리에서 행한다.	3~5보 사이에 오른쪽으로 1/4회전.	3 & 4	Q & Q
			1소절	

여성

스텝	발의 위치	회전량	카운트	리듬
1	왼발 앞으로 남성 파트너의 오른편으로 전진.	1보에 오른쪽으로 1/4회전.	1	Q
2	오른발 앞으로. 보폭 적게 하여 남성의 파트너 발 사이로.	1~2보 사이에 오른쪽으로 1/4회전.	2	Q
3~5	왼발 옆으로. 그리고 약간 뒤로 샤세(R, L, R). Ⓛ 끝의 왼발은 뒤로 한다.	계속 회전을 하여 3~5보 사이에 오른쪽으로 1/8회전을 완료한다.	3 & 4	Q & Q
			1소절	

2. 스톱 앤 고 (Stop & Go)

피겨의 명칭 그대로 서다, 가다를 행하는 것이다.

한쪽 방향으로 서다, 가다의 반복이며, 멈추었다가 전진하는 것 밖에는 안 될 것이다.

여기서의 서다, 가다의 반복은 방향을 바꾸어 선뜻 하면서 다시 전진하는 것이다. 이때 서 있는 동작에 탄력을 실어 앞으로의 전진이다.

남성과 여성은 오픈 페이싱 포지션으로 시작을 한다.

남성이 왼손으로 여성의 오른손을 잡고 여성이 좌회전하도록 한 후 곧바로 전진하여 우회전하도록

시작

1

2

한다. 그리고 처음의 오픈 페이싱 포지션을 취하며 끝내도록 한다.

끝 동작 역시 남성은 왼손으로 여성의 오른손을 잡는다.

이 피겨는 시작에서부터 끝 동작까지 남성은 여성을 막아 주고 전진동작을 행하도록 유도한다. 이때 남성의 왼손은 여성의 오른손을 잡고 허리 높이에서 팔을 쭉 펴 팽팽한 듯한 상태를 유지하도록 한다.

남성은 여성이 좌회전할 때 손을 들어 신속히 동작을 취하도록 한다. 손을 내릴 때의 높이는 여성의 신장을 기준으로 하여 허리 높이가 무난하다. 손을 내리는 동작이 느릴 경우 지칫하면 여성은 앤딩 스톱 앤 고(Ending Stop & Go) 피겨인 줄 잘못 알고 회전을 하려는 경향이 있으므로, 이에 대한 정확한 구별을 해 주어야 한다.

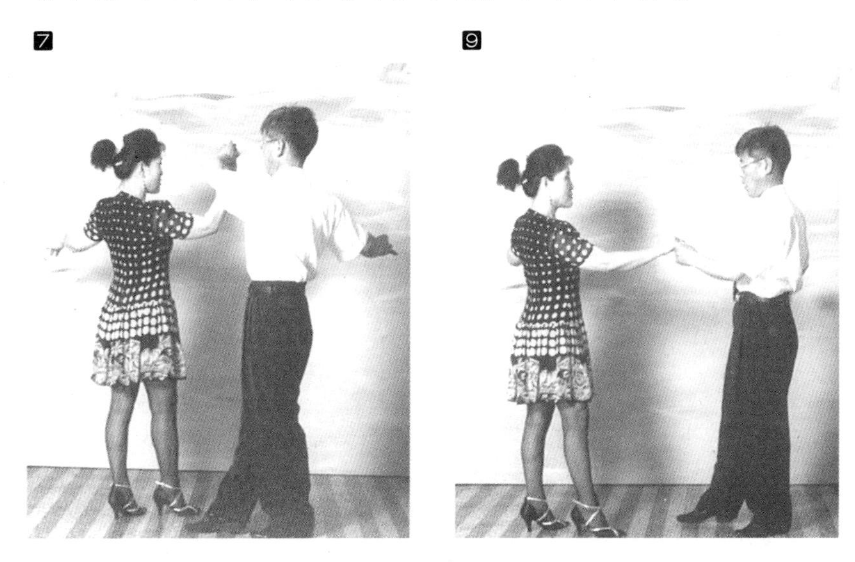
7
9

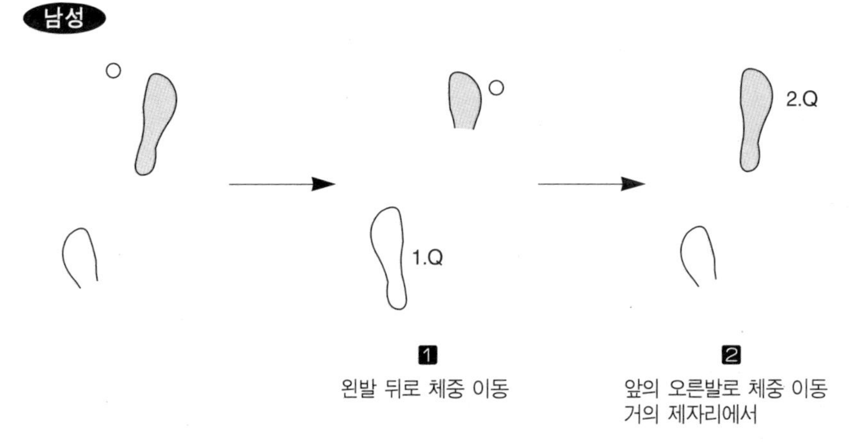
남성
1.Q
2.Q
1
왼발 뒤로 체중 이동
2
앞의 오른발로 체중 이동
거의 제자리에서

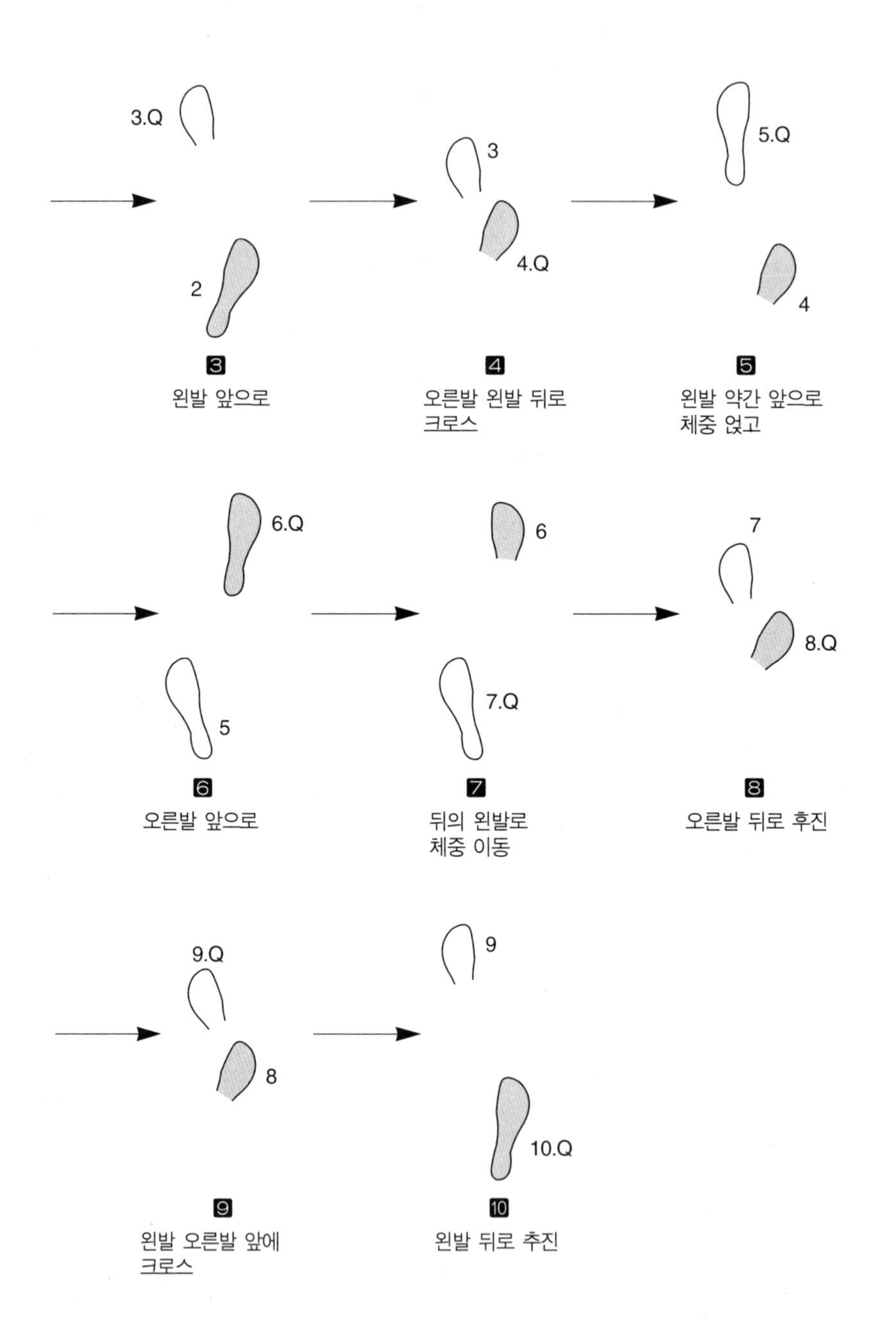

❸ 왼발 앞으로

❹ 오른발 왼발 뒤로 크로스

❺ 왼발 약간 앞으로 체중 얹고

❻ 오른발 앞으로

❼ 뒤의 왼발로 체중 이동

❽ 오른발 뒤로 후진

❾ 왼발 오른발 앞에 크로스

❿ 왼발 뒤로 추진

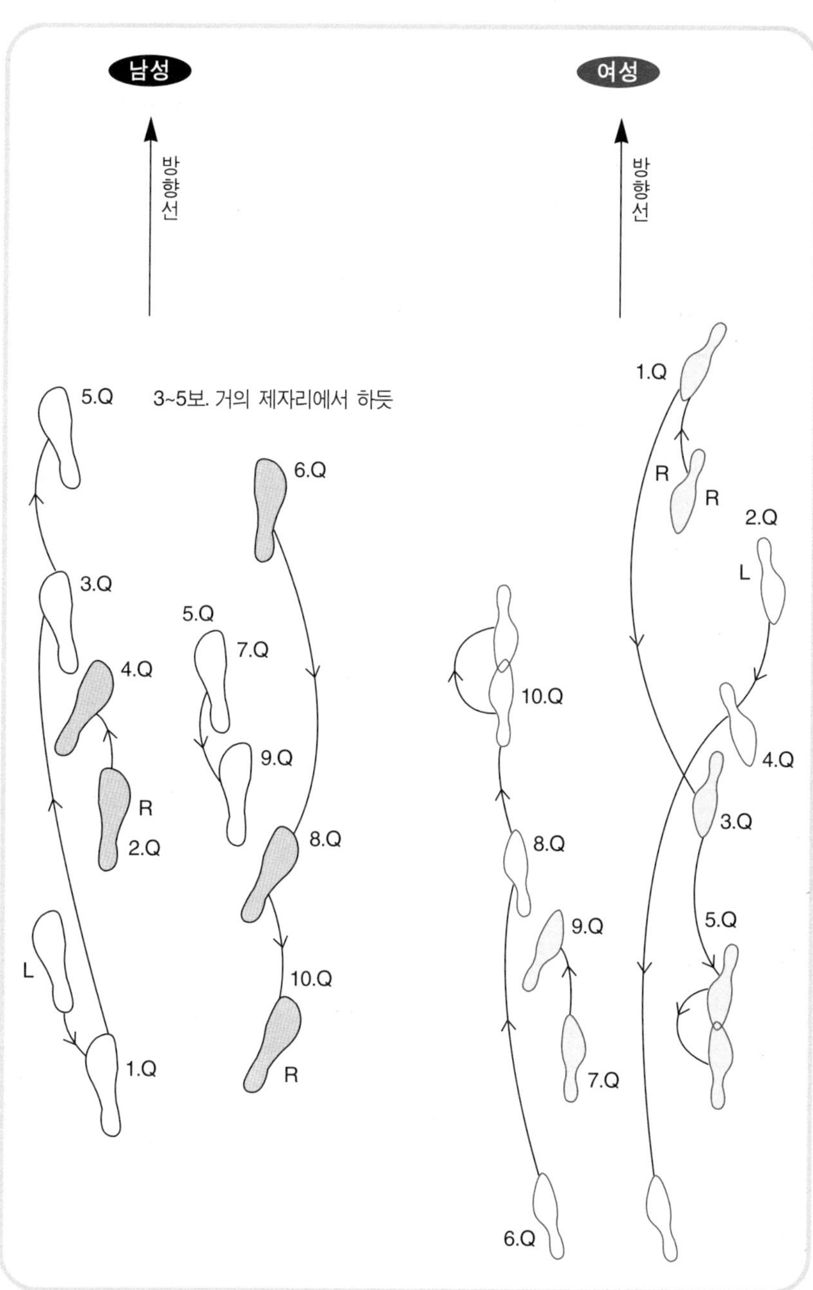
남성
여성
방향선
방향선
5.Q
3~5보. 거의 제자리에서 하듯
6.Q
3.Q
5.Q
7.Q
4.Q
9.Q
R
2.Q
8.Q
L
10.Q
1.Q
R
1.Q
R
R
2.Q
L
10.Q
4.Q
3.Q
8.Q
9.Q
5.Q
7.Q
6.Q

남성

스텝	발의 위치 & 리드	회전량	카운트	리듬
1~2	링크의 1, 2보와 동일.	없음.	1, 2	Q Q
3~5	왼발 전진하며 샤세(L, R, L). 여성을 왼쪽으로 돌려 주며 손을 들어 오른쪽 사이드 바이 사이드 포지션을 취하도록 한다. 5보에서는 손을 내려 준다.	없음.	3 & 4	Q & Q
6	오른발 앞으로 전진. 여성을 뒤로 보내 주며.	없음.	1	Q
7	체중을 뒤쪽 왼발에 이동. 제자리 스텝하여 여성 앞으로 리드하며 오른쪽으로 회전 하도록 한다.	없음.	2	Q
8~10	오른발 보폭 적게. 뒤로 샤세(R, L, R). 여성을 오른쪽으로 회전 하도록 한다. 손 들어 보내고 회전이 완료되면 손을 내려 준다.	없음.	3 & 4	Q & Q
			2소절	

여성

스텝	발의 위치	회전량	카운트	리듬
1~2	링크의 1, 2보와 동일.	2보에서 왼쪽으로 회전 시작.	1, 2	Q Q
3~5	왼쪽으로 회전하며, 오른쪽 샤세(R, L, R). 남성이 왼손으로 들어 준 아래쪽으로 회전하며 오른쪽 사이드 바이 사이드 위치.	왼쪽으로 계속 회전하여 2~5보 사이 1/2회전을 완료.	3 & 4	Q & Q
6	왼발 뒤로 후진.	없음.	1	Q
7	체중 오른발로 이동. 오른발로 제자리 스텝.	오른쪽으로 회전 시작.	2	Q
8~10	오른쪽으로 계속 회전. 남성이 들어 준 손 아래쪽으로 회전. 그리고 왼쪽 샤세(L, R, Ⓛ) Ⓛ 끝의 왼발은 후진.	계속 오른쪽으로 회전을 하며, 7~10보 사이에 회전량 1/2을 이룬다.	3 & 4	Q & Q
			2소절	

3. 윈드밀 (Windmill)

이 피겨는 남성과 여성이 양팔을 쭉 펴서 풍차의 날개가 돌아가는

시작

1

2

3

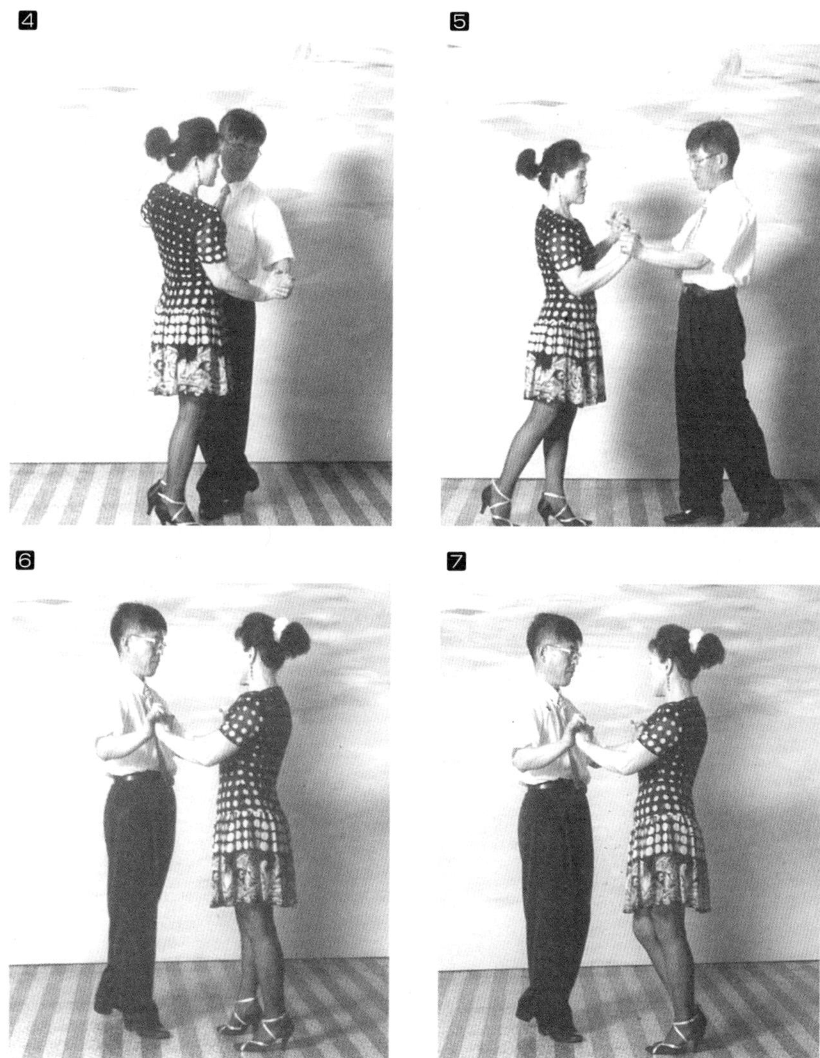

듯한 분위기를 나타내도록 한다(남성의 왼손과 여성의 오른손, 남성의 오른손과 여성의 왼손). 남성은 왼쪽으로 회전을 시작하고, 여성은 오른쪽으로 회전을 시작한다.

양손을 마주 잡은 더블 홀드 상태로, 오픈 페이싱 포지션으로 시작을 한다. 양손을 잡고 밀고 당기는 듯한 형태를 유지하고, 몸의 기울기(스웨이)에도 유의하여 '기울고→원위치→기울고→원위치' 식으로 샤세에서 반복 사용을 하여도 된다. 지나친 반복은 금물이다.

직진 상태에서 좌·우의 몸의 기울임에 유의하도록 하자.

8

남성

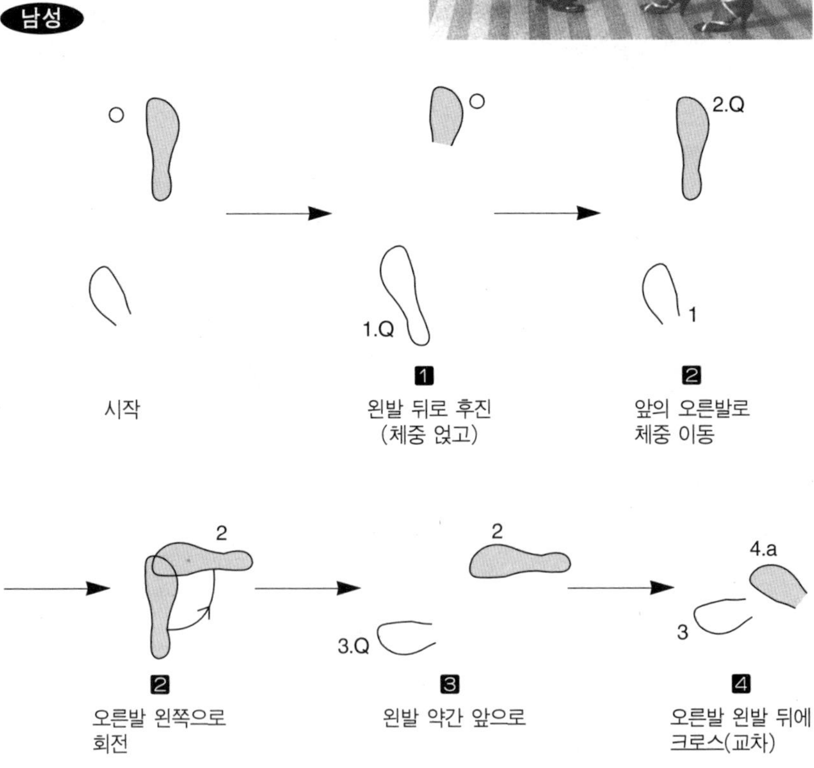

시작

1 왼발 뒤로 후진 (체중 얹고)

2 앞의 오른발로 체중 이동

2 오른발 왼쪽으로 회전

3 왼발 약간 앞으로

4 오른발 왼발 뒤에 크로스(교차)

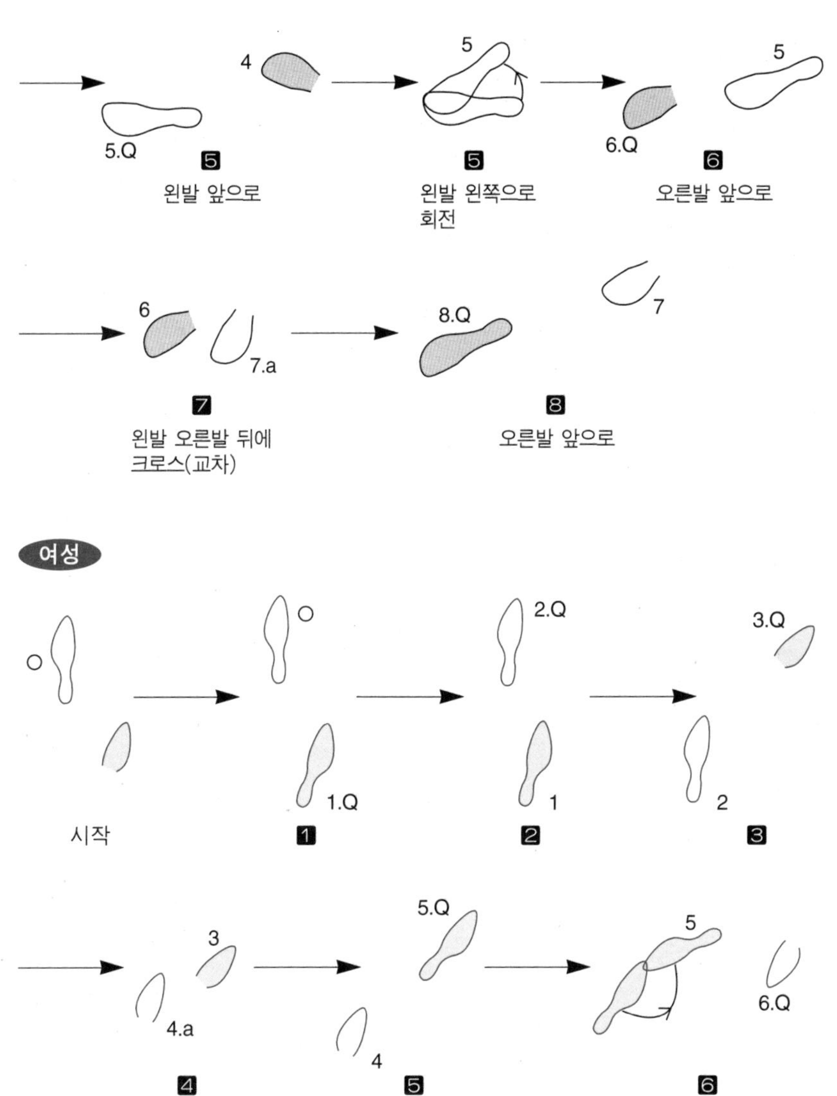
4
5.Q
5
윈발 앞으로
5
5
윈발 윈쪽으로 회전
5
6.Q
6
오른발 앞으로
6
7.a
7
윈발 오른발 뒤에 크로스(교차)
8.Q
7
8
오른발 앞으로
여성
1.Q
2.Q
1
3.Q
2
시작
1
2
3
3
4.a
5.Q
4
5
6.Q
4
5
6

7.a
6
7
7
8.Q
8

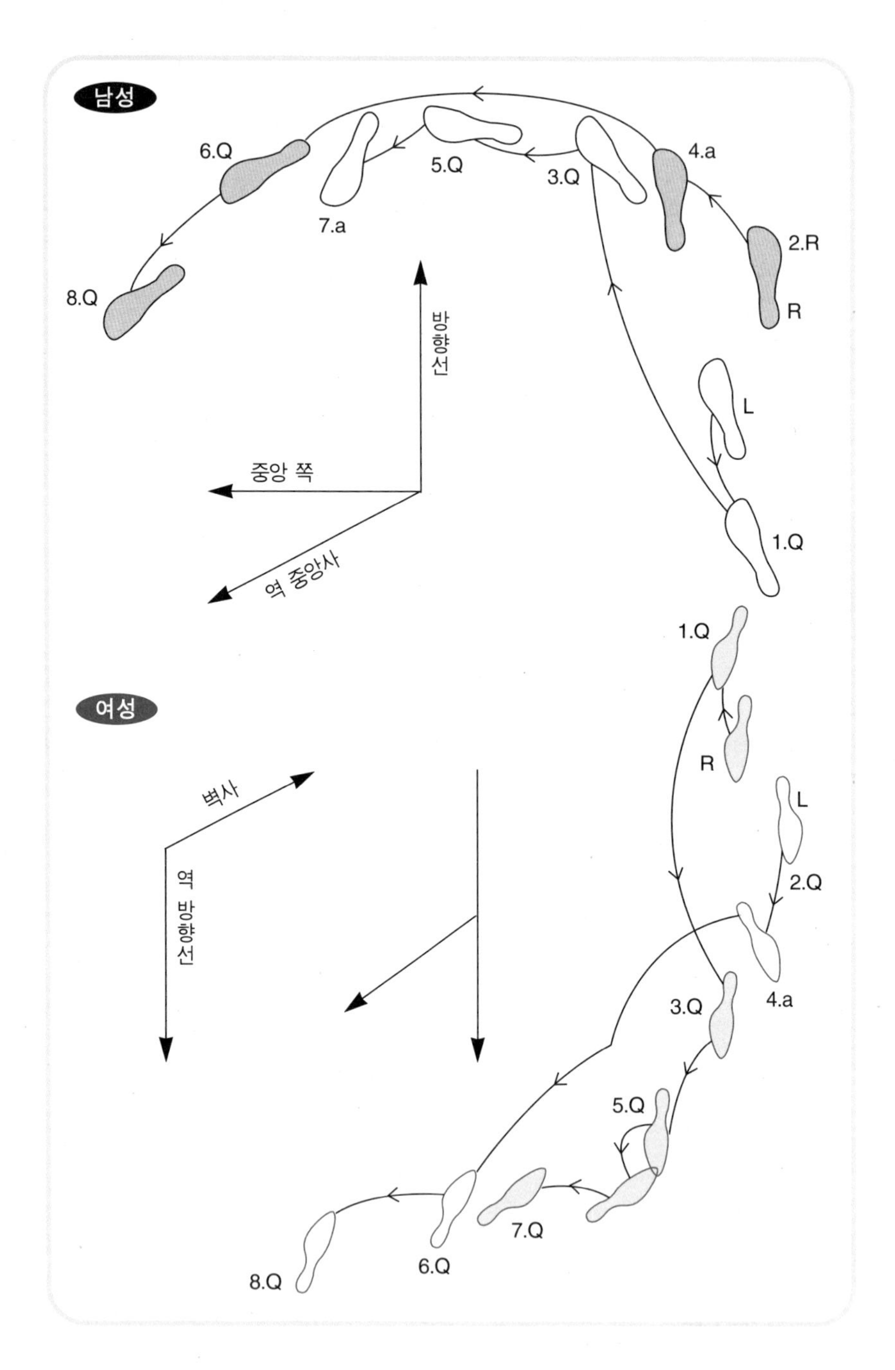

남성
6.Q
7.a
5.Q
3.Q
4.a
2.R
R
8.Q
방향선
L
중앙 쪽
역 중앙사
1.Q
1.Q
여성
R
L
벽사
역 방향선
2.Q
3.Q
4.a
5.Q
7.Q
6.Q
8.Q

남성

스텝	발의 위치 & 리드	회전량	카운트	리듬
1~2	링크의 1~2보(L, R).	2보에 왼쪽으로 회전 시작.	1, 2	Q Q
3~5	왼발 앞으로 샤세(L, R, L). 여성을 앞으로 오도록 리드하면서 양팔을 펼치면서 몸을 약간 왼쪽으로 기울인다.	2~5보 사이에 왼쪽으로 1/4회전.	3 & 4	Q & Q
6~8	오른발 옆으로 그리고 약간 앞으로 샤세(R, L, R). 오른발로 끝낸다. 오른발 앞으로 여성 뒤로 후진토록 리드한다. 몸이 기울어진 상태. 원위치. 보통 홀드 상태로 들어간다.	왼쪽으로 회전 계속. 6~8보 사이에 왼쪽으로 1/8회전 이룬다.	3 & 4	Q & Q
			1½ 소절	

여성

스텝	발의 위치	회전량	카운트	리듬
1~2	링크의 1, 2보(R, L).	2보에 왼쪽으로 회전 시작.	1, 2	Q Q
3~5	오른발 비스듬히 앞으로 전진 샤세(R, L, ®). ® 끝의 오른발 옆으로 그리고 약간 뒤에. 오른쪽으로 몸을 약간 기울이면서.	2~5보 사이에 왼쪽으로 1/4회전.	3 & 4	Q & Q
6~8	왼발 뒤로 샤세(L, R, L). 기울였던 몸을 원위치로 하여 처음의 홀드 상태로 들어간다.	왼쪽으로 회전 계속. 6~8보 사이에 왼쪽으로 1/8회전 이룬다.	3 & 4	Q & Q
			1½ 소절	

4. 스패니시 암 (Spanish Arm)

스페인의 투우사들을 연상케 하는 듯한 팔동작이 나타난다면 훨씬 피겨의 멋을 더할 것이다.

이 피겨는 오픈 페이싱 포지션인 상태에서(남성은 왼손은 여성의 오른손, 오른손은 여성의 왼손) 양손을 서로 잡고 더블 홀드로 시작하여,

Ⓐ 더블 홀드(양손)로 끝내는 방법.

Ⓑ 남성의 왼손, 여성의 오른손 을 잡고 오픈 페이싱 포지션으로 끝내는 방법.

Ⓐ는 남성이 왼손을 머리 위로 들어 여성을 보내지 않고 여성이

시작

1

2

왼쪽, 오른쪽으로 하여 오픈 페이싱 포지션으로 끝내는 방법이다.

Ⓑ는 남성이 왼손으로 여성의 오른손을 머리 위로 들어 보내면서 오른손으로 여성의 왼손을 당겨 회전하도록 한 후 오른손을 놓고 왼손으로 여성의 오른손을 잡고 오픈 페이싱 포지션으로 끝내는 방법이다.

남성의 왼손은 여성의 오른손을 잡고 시작부터 끝까지 행하도록 한

3

4

5

6

7

8

다.

양손으로 잡고 시작하기 위해서는 이 피겨를 시작하기 전에 먼저의 피겨의 끝부분에서 미리 양손을 잡고 피겨를 시작하도록 한다.

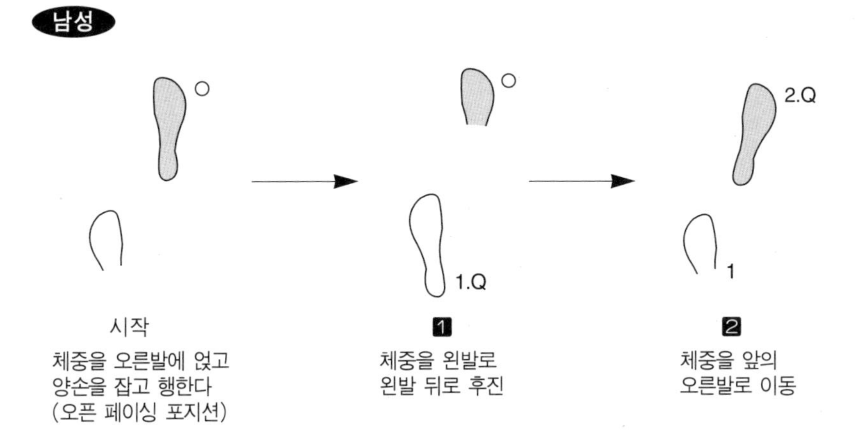
남성
2.Q
1.Q
1
시작
체중을 오른발에 얹고
양손을 잡고 행한다
(오픈 페이싱 포지션)
1
체중을 왼발로
왼발 뒤로 후진
2
체중을 앞의
오른발로 이동

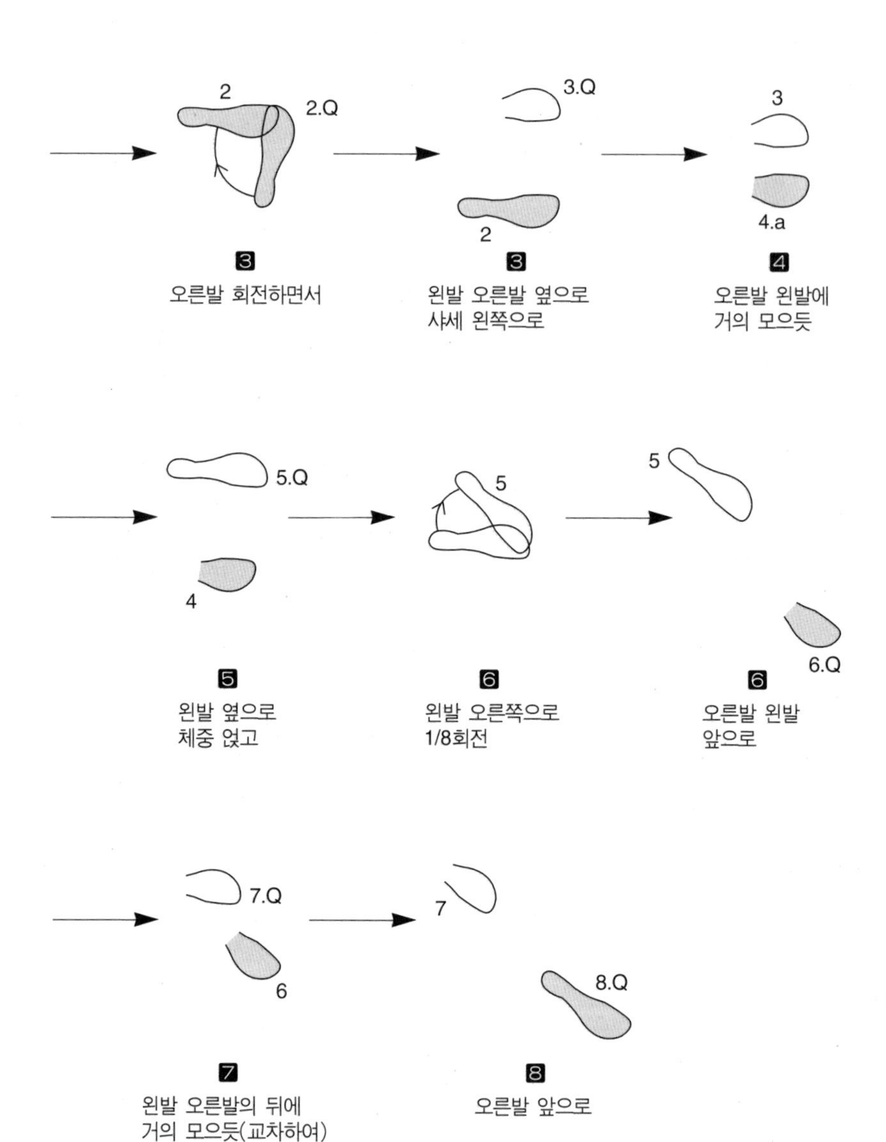
2
2.Q
3.Q
2
3
4.a
3
오른발 회전하면서
3
왼발 오른발 옆으로
사세 왼쪽으로
4
오른발 왼발에
거의 모으듯
5.Q
4
5
5
6.Q
5
왼발 옆으로
체중 얹고
6
왼발 오른쪽으로
1/8회전
6
오른발 왼발
앞으로
7.Q
6
7
8.Q
7
왼발 오른발의 뒤에
거의 모으듯(교차하여)
8
오른발 앞으로

여성

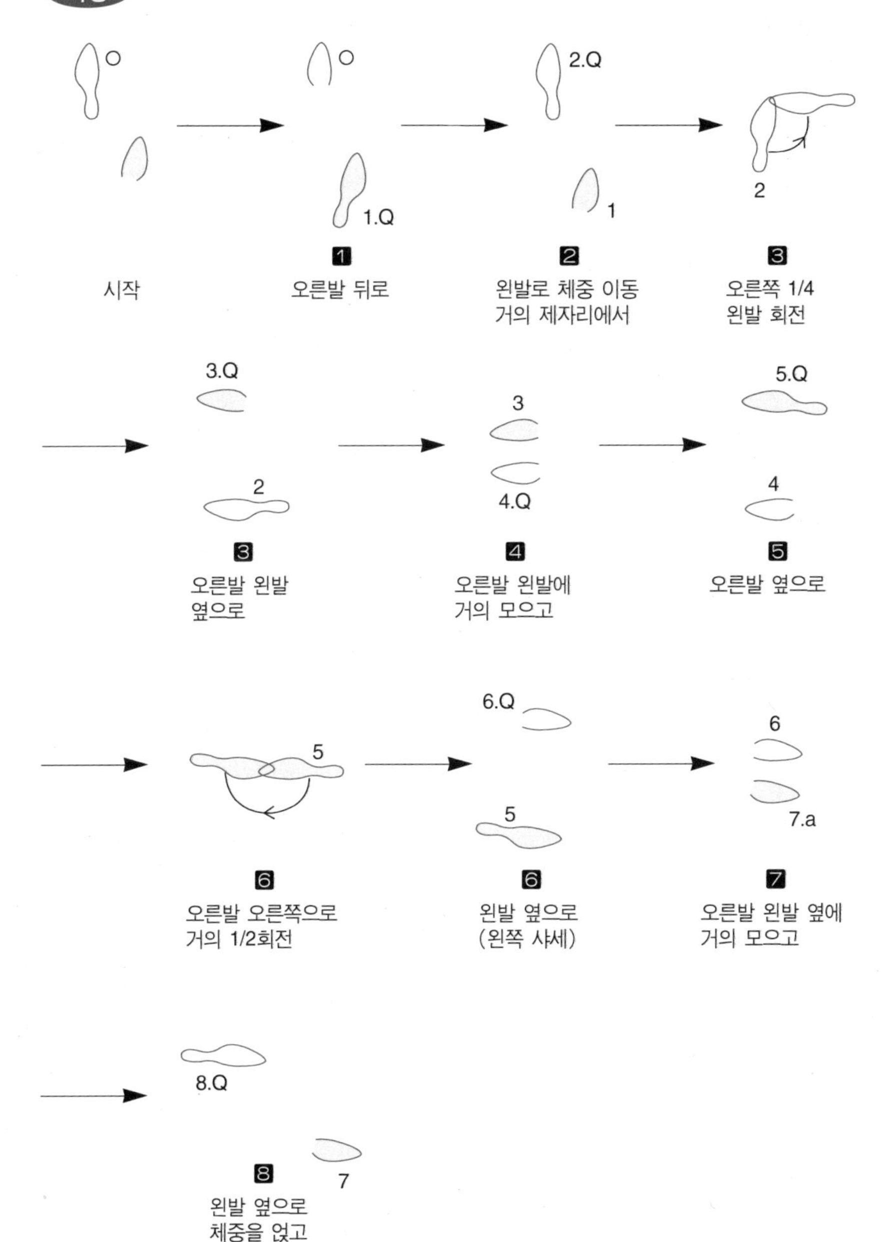
2.Q
1.Q
1
2
❶
❷
❸
시작
오른발 뒤로
왼발로 체중 이동
거의 제자리에서
오른쪽 1/4
왼발 회전
3.Q
2
3
4.Q
5.Q
4
❸
❹
❺
오른발 왼발
옆으로
오른발 왼발에
거의 모으고
오른발 옆으로
5
6.Q
5
6
7.a
❻
❻
❼
오른발 오른쪽으로
거의 1/2회전
왼발 옆으로
(왼쪽 샤세)
오른발 왼발 옆에
거의 모으고
8.Q
7
❽
왼발 옆으로
체중을 얻고

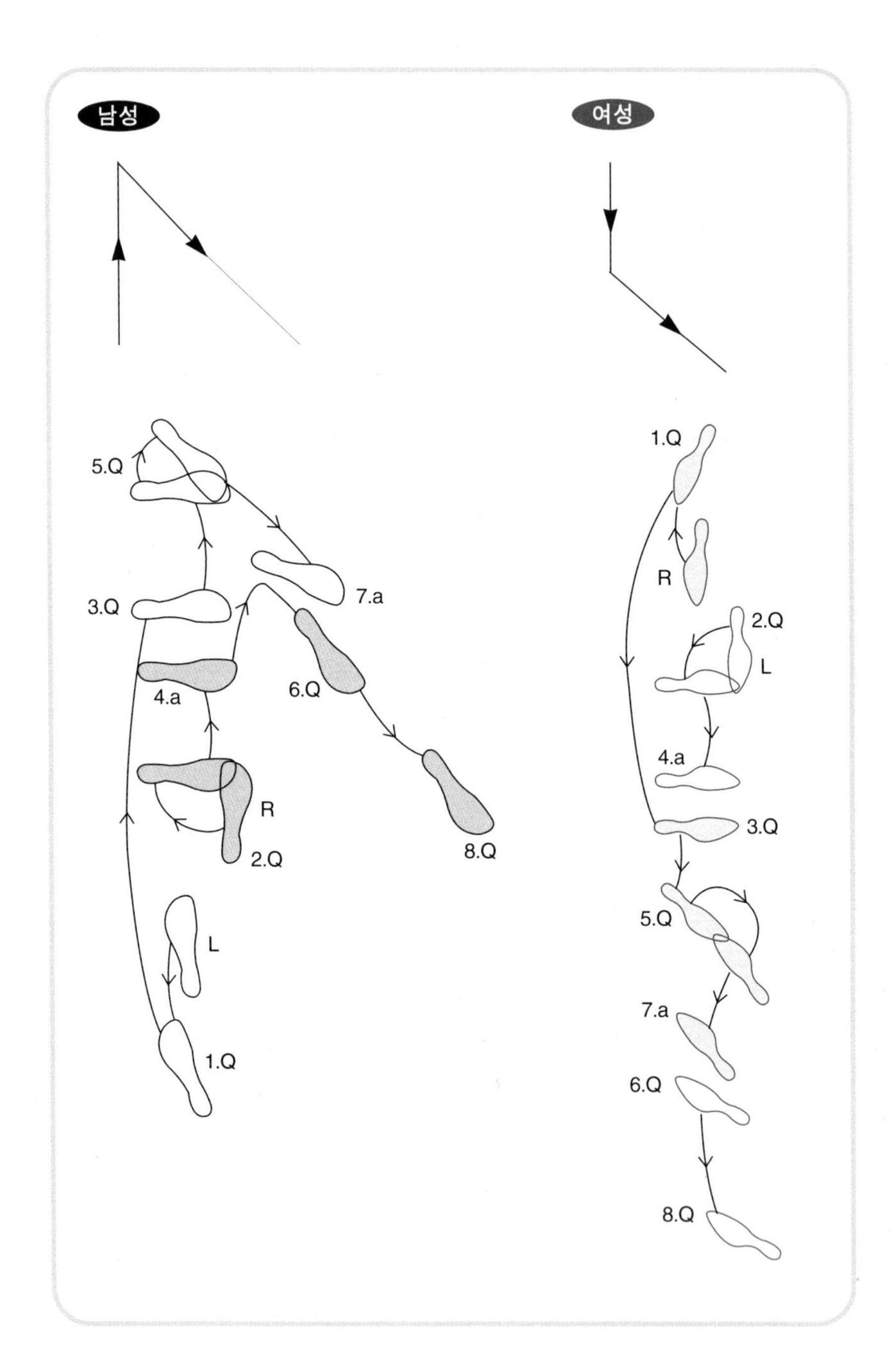
남성
여성
5.Q
7.a
3.Q
4.a
6.Q
R
2.Q
8.Q
L
1.Q
1.Q
R
2.Q
L
4.a
3.Q
5.Q
7.a
6.Q
8.Q

남성

스텝	발의 위치 & 리드	회전량	카운트	리듬
1, 2	링크의 1, 2보.	2보에서 오른쪽으로 회전 시작.	1, 2	Q Q
3~5	왼발, 오른발에 모으며 거의 제자리 샤세(L, R, L). 동시에 남성이 왼손 들어 준다(여성의 오른손 잡고). 그리고 여성의 왼쪽으로 돌려 준다. 남성의 오른편에 서서 서로 같은 방향을 쳐다본다. 5보에서 여성을 오른쪽으로 돌려 준다.	오른쪽으로 회전 계속. 2~5보 사이 오른쪽으로 1/4회전 완료.	3 & 4	Q & Q
6~8	오른발 앞으로 나아가며 샤세(R, L, R). 계속 여성을 오른쪽으로 돌려 주며 손을 내려 준다.	오른쪽으로 회전 시작. 6~8보 사이에 오른쪽으 로 1/8회전 완료.	3 & 4	Q & Q
			2소절	

여성

스텝	발의 위치	회전량	카운트	리듬
1~2	링크의 1~2보(R, L).	2보에서 오른쪽으로 회전 시작.	1, 2	Q Q
3~5	남성이 왼손으로 여성의 오른손 들어 주고 그 아래로 왼쪽 방향으로 돌며 샤세(R, L, R). 남성의 앞에 서서 같은 방향을 향한다(여성은 배면, 남성은 정면). 약간 남성의 오른편에 선다. 5보에서 오른쪽으로 회전 시작.	왼쪽으로 계속 회전. 2~5보 사이에 왼쪽으로 1/4회전. 이때 5보에서 오른쪽으로 거의 1/2회전을 한다.	3 & 4	Q & Q
6~8	오른편으로 계속 회전하며 왼발 뒤로 하여 샤세(L, R, L).	오른쪽으로 계속 회전. 5~8보 사이에 오른쪽으로 5/8 회전을 한다.	3 & 4	Q & Q
			2소절	

5. 롤링 오프 디 암 (Rolling Off the Arm)

이 피겨는 명칭 그대로 돌면서 팔을 풀어 준다는 의미로 받아들이면 될 것이다.

풀어 준다는 것은 감긴 상태가 되었을 때 성립이 되는 것이다. 그러므로 피겨의 중간에 감긴 듯한 상태가 있다는 것을 알 수가 있다.

감긴 듯한 상태라는 것은 감싸안은 듯한 상태로도 해석이 된다. 그런한 상태의 대표적인 예가 'Ⓐ쿠들 포지션(Cuddle Position)'이다 Ⓐ에 대한 설명은 후반부에 있을 것이다. '쿠들 워크(Cuddle Walk)'를 참조하기 바란다.

이 피겨에서는 사이드 바이 사이드 포지션(Side-by-Side Position)이 나온다.

남성이 여성의 왼편 뒤쪽에 위치한다. 남성의 입장에서 보면 여성이 남성의 오른편 앞쪽에 위치하는 것이다.

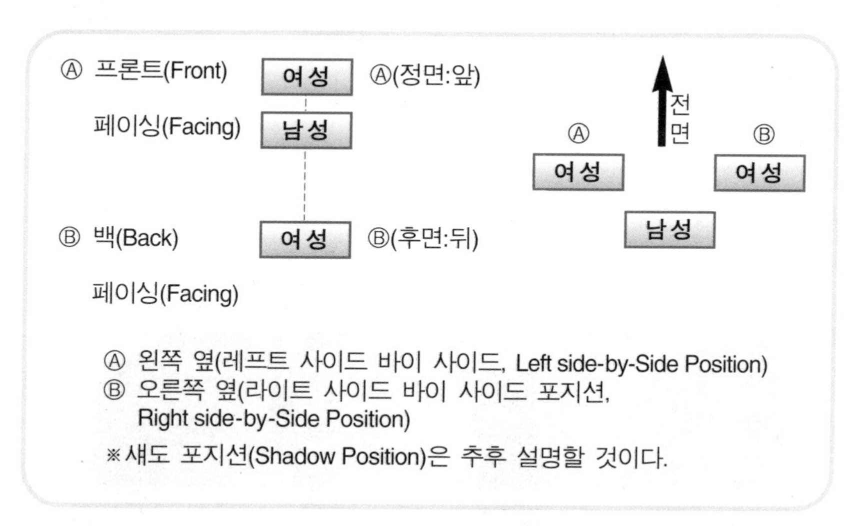

이 피겨에서의 특이한 점은 홀드 상태이다.

예전에는 남성이 오른손으로 여성의 왼손을 잡고 시작하는 방식(요

즘도 많이 애용하고 있다)이 많이 사용되었으나 효용성에 있어서 다양함이 약간 떨어진다. 실질적으로 요근래에는 핸드 셰이크 홀드(Hand Shake Hold)를 많이 사용을 하고 있다.

이 설명을 읽으면서 오해하지 말기 바란다. 옳고 그름의 차원이 아닌 패션 스타일의 유행이라고 생각하면 될 것이다. 남성이 오른손으로 여성의 오른손을 잡고 시작하여 끝내는 방법이다. 물론 오픈 페이싱 포지션으로 사작하여 끝내는 방법이다.

이 방식은 남성이 리드함에 있어 신속한 동작이 필요하다. 왼쪽 샤세를 함에 있어 약간의 러닝 스타일이 가미되어야 한다는 것이다. 그래야 사이드 바이 사이드 동작이 신속히 이루어지고 그 다음의 동작이 원활해진다.

6~7보에 있어서 2보 전진하며 오른쪽으로 회전을 하도록 하는

데, 거의 제자리에서 하는 기분으로 조금씩 움직이며 행하도록 한다. 또 다른 방법은 6보에서 전진하며 회전을 하는 방법도 있다.

3~5보를 행함에 있어 남성은 여성의 오른손을, 여성은 오른쪽 옆허리 부분(옆구리)에 위치하도록 한다. 또는 약간 위쪽으로 하여 갈쿠리 모양으로 하여 행한다.

3

4

5

6

7

8

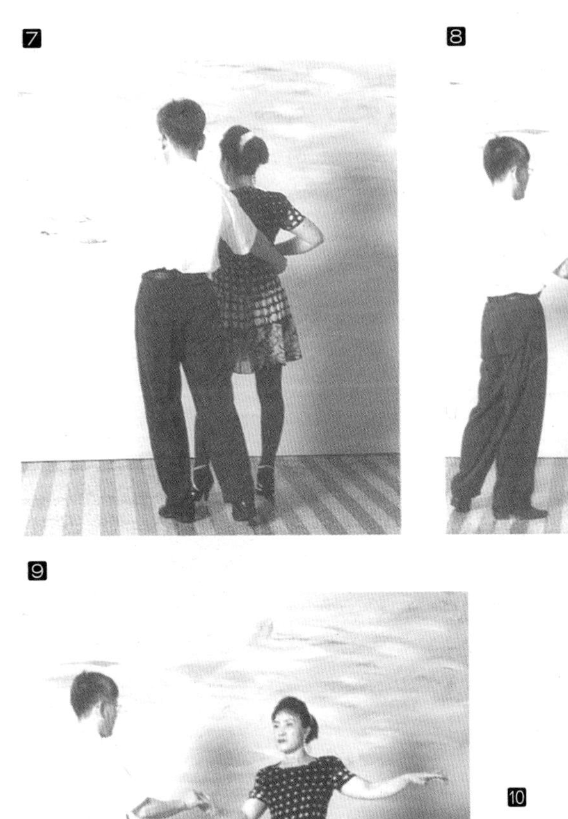

9

10

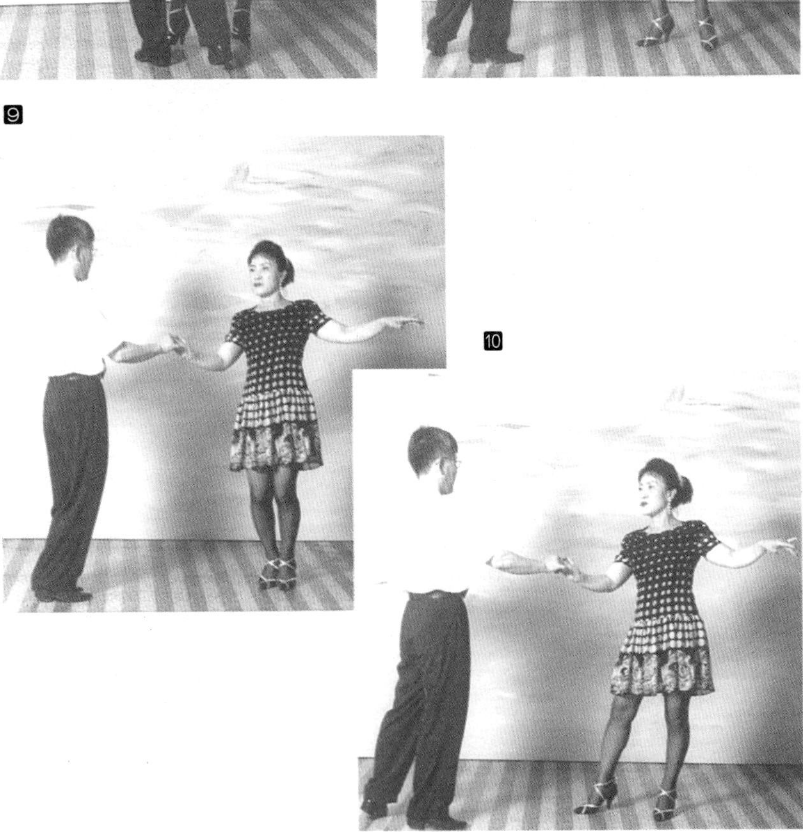

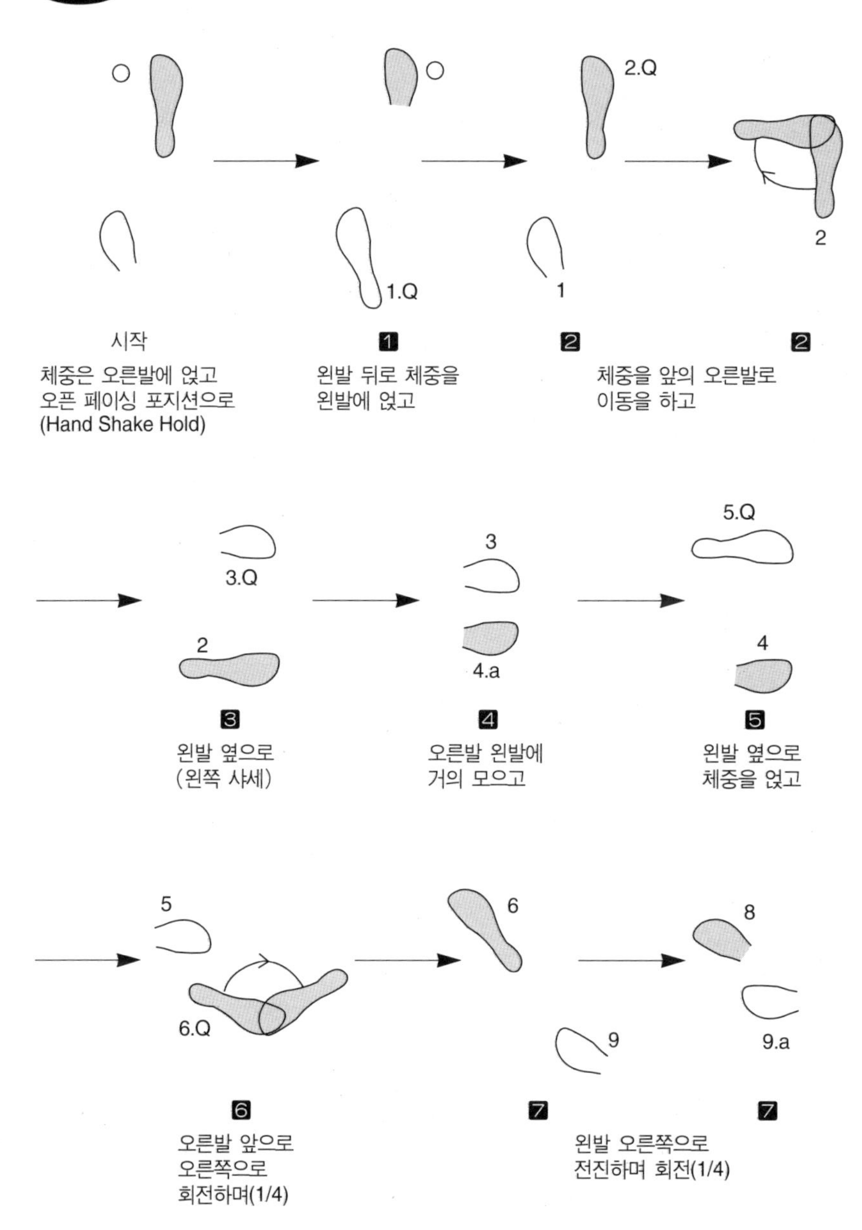

시작
체중은 오른발에 얹고
오픈 페이싱 포지션으로
(Hand Shake Hold)

1
왼발 뒤로 체중을
왼발에 얹고

2
체중을 앞의 오른발로
이동을 하고

2

3
왼발 옆으로
(왼쪽 샤세)

4
오른발 왼발에
거의 모으고

5
왼발 옆으로
체중을 얹고

6
오른발 앞으로
오른쪽으로
회전하며(1/4)

7
왼발 오른쪽으로
전진하며 회전(1/4)

7

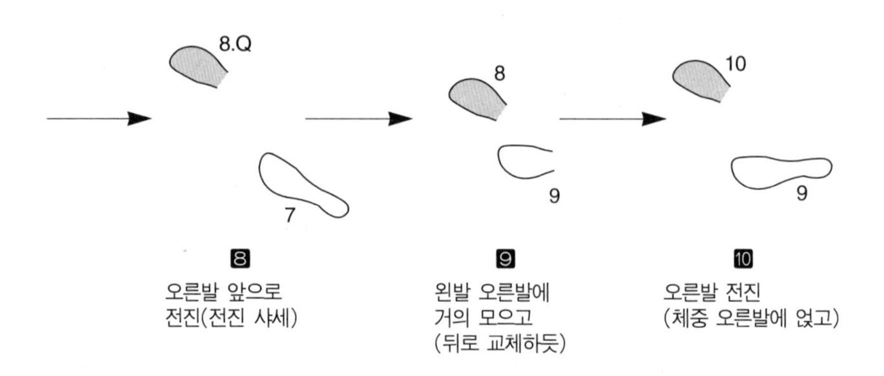

8 오른발 앞으로 전진(전진 샤세)

9 왼발 오른발에 거의 모으고 (뒤로 교체하듯)

10 오른발 전진 (체중 오른발에 얹고)

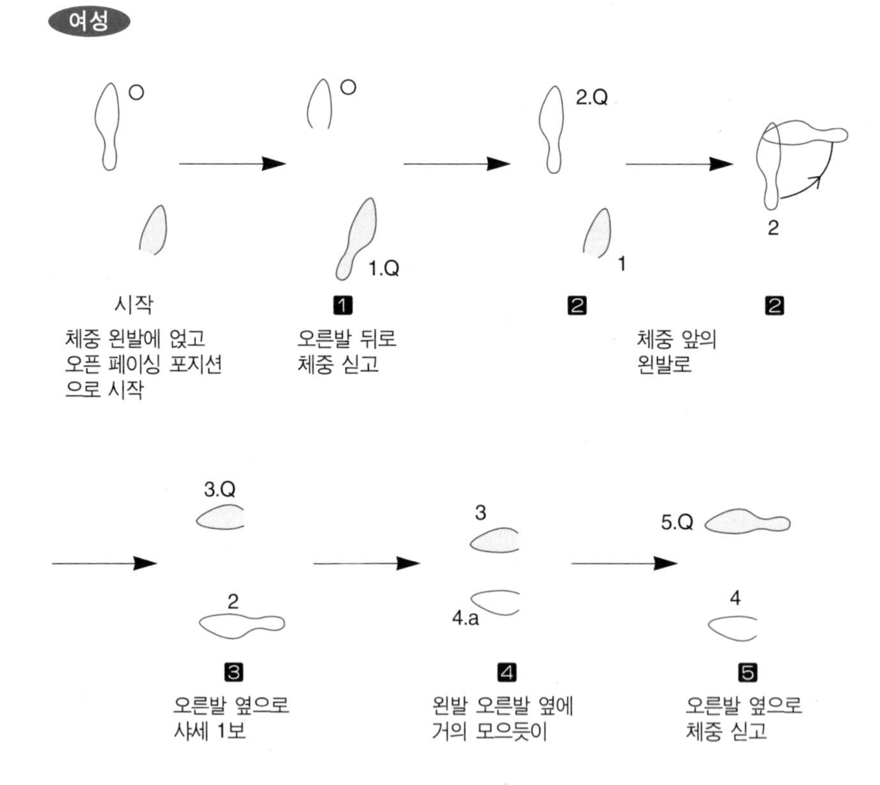

시작 체중 왼발에 얹고 오픈 페이싱 포지션으로 시작

1 오른발 뒤로 체중 싣고

2

2 체중 앞의 왼발로

3 오른발 옆으로 샤세 1보

4 왼발 오른발 옆에 거의 모으듯이

5 오른발 옆으로 체중 싣고

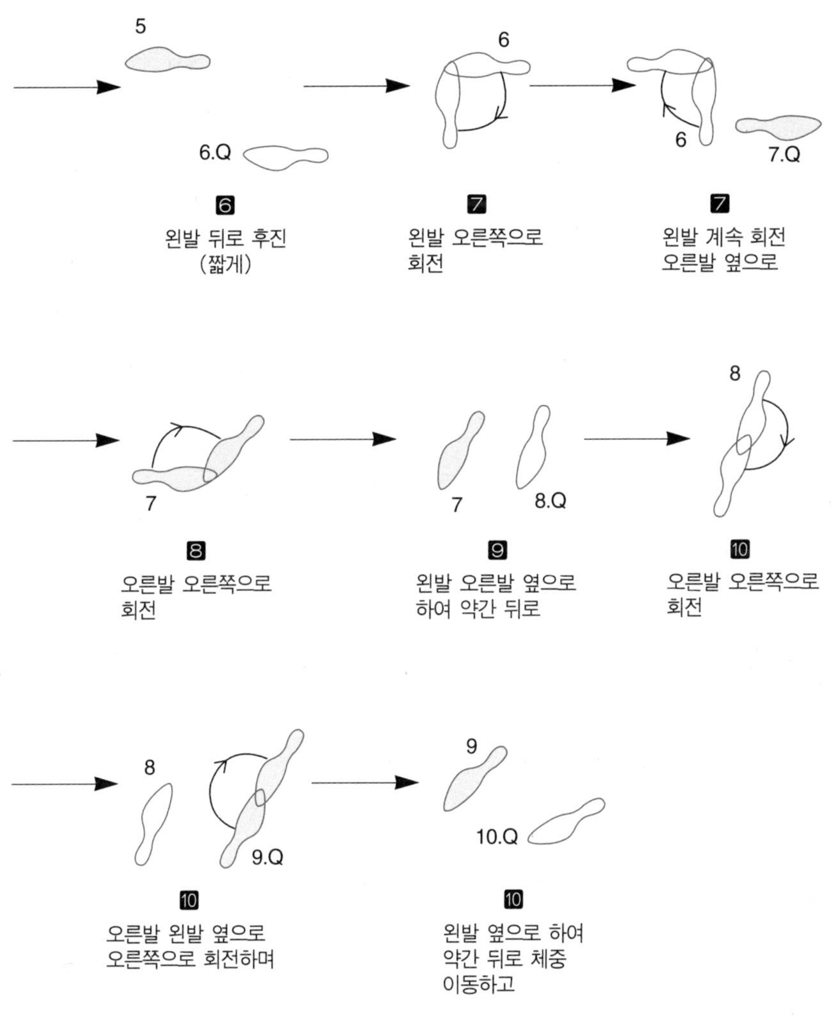

6
왼발 뒤로 후진
(짧게)

7
왼발 오른쪽으로
회전

7
왼발 계속 회전
오른발 옆으로

8
오른발 오른쪽으로
회전

9
왼발 오른발 옆으로
하여 약간 뒤로

10
오른발 오른쪽으로
회전

10
오른발 왼발 옆으로
오른쪽으로 회전하며

10
왼발 옆으로 하여
약간 뒤로 체중
이동하고

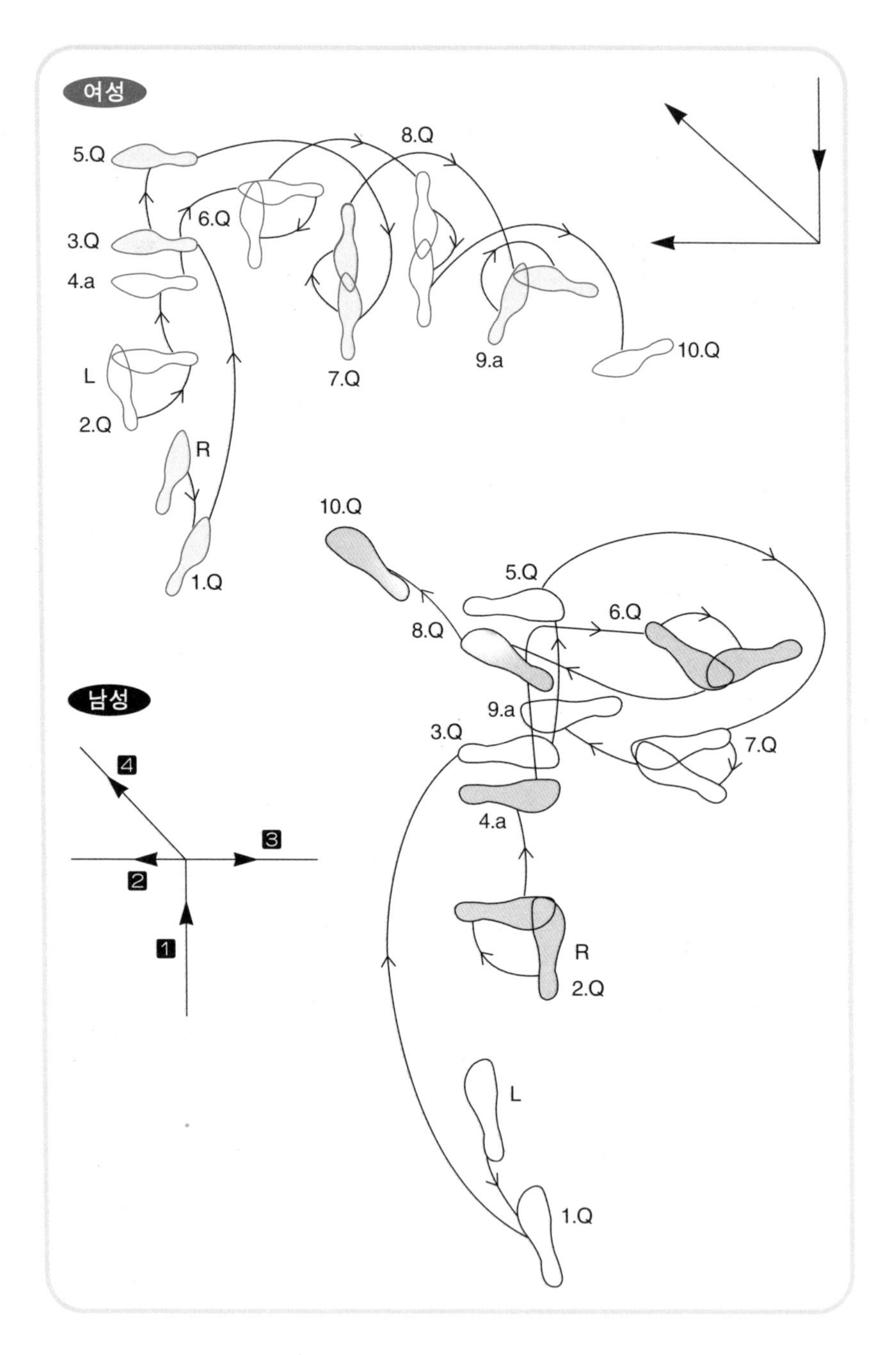
여성
5.Q
3.Q
4.a
L
2.Q
R
1.Q
6.Q
7.Q
8.Q
9.a
10.Q
남성
4
3
2
1
10.Q
5.Q
6.Q
8.Q
9.a
3.Q
7.Q
4.a
R
2.Q
L
1.Q

남성

스텝	발의 위치 & 리드	회전량	카운트	리듬
1~2	링크의 1~2보(L, R).	2보에서 왼쪽으로 회전 시작.	1, 2	Q Q
3~5	여성을 왼쪽으로 회전시켜 주며 거의 제자리에서 샤세 (L, R, L). 여성을 남성 오른편으로 해서 사이드 바이 사이드 포지션.	오른쪽으로 계속 회전. 2~5보 사이 오른쪽으로 회전 완료.	3 & 4	Q & Q
6~7	S. S. P 상태에서 2보 전진(L, R). 여성을 뒤로 후진(R, L). 7보에서 여성을 오른쪽으로 회전시킨다.	오른쪽으로 계속 회전. 2~5보 사이 오른쪽으로 회전 완료.	1, 2	Q Q
8~10	오른발 앞으로 샤세(R, L, R). 여성을 오른쪽으로 회전시켜 주며, 감았던 팔이 풀리도록 한다.	오른쪽으로 계속 회전. 8~10보 사이 오른쪽으로 1/8회전.	3 & 4	Q & Q
			2소절	

스텝	발의 위치	회전량	카운트	리듬
1~2	링크의 1~2보.	2보에서 왼쪽으로 회전 시작.	1, 2	Q Q
3~5	왼쪽으로 회전하며 샤세(R, L, R). 남성의 앞에서 사이드 바이 사이드 포지션. 남성의 오른팔과 여성의 왼팔이 고리 모양으로 얽힌 상태.	왼쪽으로 계속 회전. 2~5보 사이 왼쪽으로 1/4회전 완료.	3 & 4	Q & Q
6~7	오른쪽 사이드 바이 사이드 포지션에서 오른쪽으로 회전. 왼발, 오른발 뒤로 하며 7보의 오른발에서 오른쪽으로 회전.	오른쪽으로 회전. 6~7보 사이 1/2회전 완료. 7보에서 오른쪽으로 거의 1/2회전.	1, 2	Q Q
8~10	왼발 뒤로 샤세(L, R, L). 계속 오른쪽으로 회전.	오른쪽으로 계속 회전. 7~10보 사이 오른쪽으로 5/8회전 완료.	3 & 4	Q & Q
			2소절	

Gold 골드

상급

1 **Simple Spin**
심플 스핀

2 **Chicken Walk**
치킨 워크

3 **Curly Whip**
컬리 윕

4 **Toe Heel Swivel**
토 힐 스위블

5 **Flick into Break**
플릭 인투 브레이크

1. 심플 스핀 (Simple Spin)

2보로써 회전이 이루어지는 피겨이다.

2보이기 때문에 별로 어렵지 않고 명칭 그대로 단순하게 생각할지도 모르지만 실제로는 쉬운 것 같으면서도 무척 까다롭다.

이 피겨를 하기 전에 연결되는 과정 그리고 끝난 후의 연결 등 실로 어찌 생각하면 쉬울 수도 있다. 그러나 차근차근 정확하게 전·후의 연결에 신중을 기해야 할 것이다.

특히 남성의 경우는 리드에 각별히 유의하여 '뉴욕(New York)' 스타일의 피겨와 리드가 구별이 되도록 리드시 스타카토식의 브레이크 스타일의 리드가 필요하다.

여성의 경우는 C.P.P(역 프롬나드 포지션) 상태에서 팔의 탄력에 유의하고, 남성의 리드에 대응하여 팽팽한 상태를 유지하여 남성의 리드가 곧바로 전달이 되도록 팔의 높이와 팔의 펴 줌 상태를 이루어 주도록 한다.

이 피겨는 Ⓐ 체인지 오브 플레이스 레프트 투 라이트(Change of Place Left to Rright)를 행한 후에 연결하여 시작을 하는데, Ⓐ의 6~8보 자세를 행하면서 남성이 오른쪽으로 1/8회전을 하면서 여성을 왼쪽으로 5/8회전하도록 하여 주고, 심플 스핀의 1, 2보를 연결한다.

끝 동작은 오픈 페이싱 포지션으로 끝나고, 남성은 왼손으로 여성의 오른손을 잡고 다른 피겨로 연결하도록 한다.

여성은 남성이 Ⓐ의 6~8보에서 1/8회전을 하면서 5/8회전을 시켜 줄 때 왼쪽으로 회전이 되므로 심플 스핀의 1, 2보 오른쪽 회전으로의 연결을 위하여 왼발에 체중을 싣자마자 곧바로 오른쪽으로 회전하는 동작을 취해야 하므로 회전 방향의 신속한 동작에 유의하도록 한다.

심플 스핀을 행하는 순서를 알아보자.

이 피겨의 진행에 앞서 앞서의 피겨에서부터 살펴보자.

Ⓐ 체인지 오브 플레이스 레프트 투 라이트

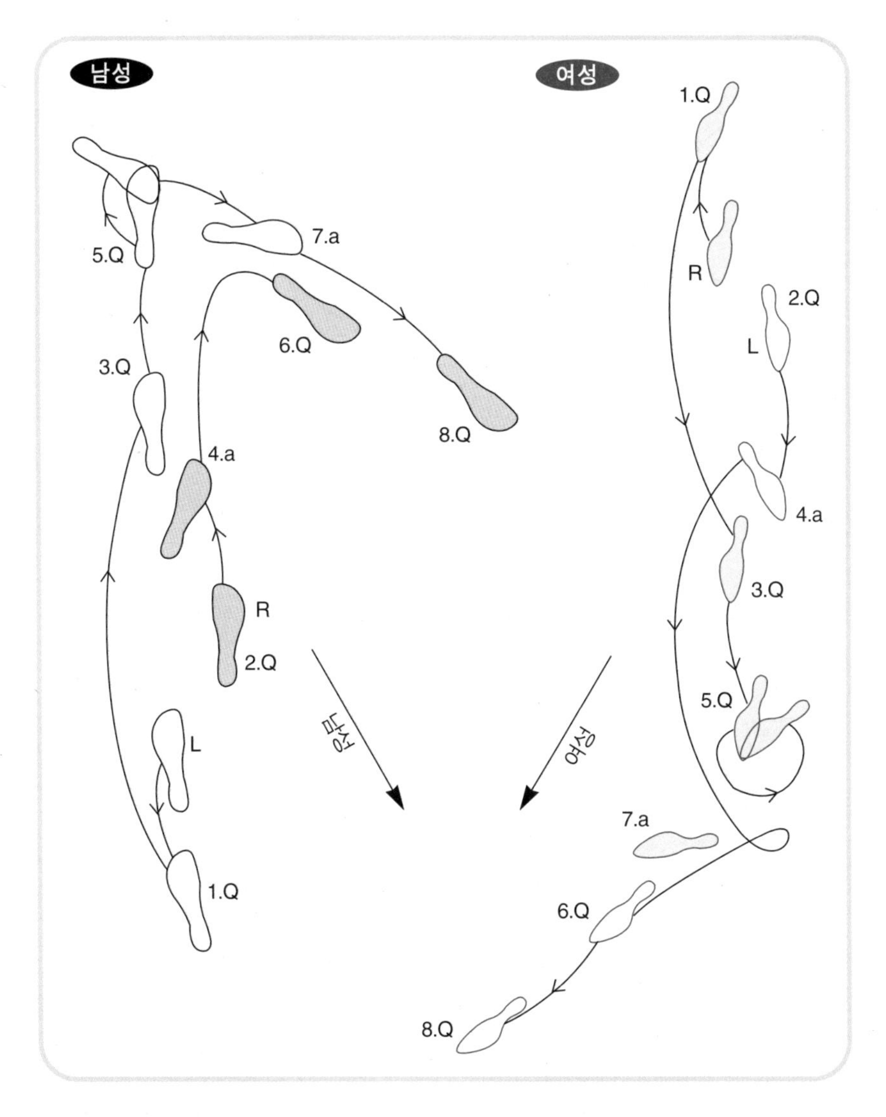

Ⓐ의 끝 방향은 남성과 여성이 C.P.P(역 P.P), 프롬나아드 포지션의 반대 방향이다.

이렇게 위치를 만든 후에 심플 스핀에 들어가도록 한다.

이 상태에서 남성은 1/4 왼쪽으로 회전, 여성은 1/2 오른쪽으로 회전.

남성 왼쪽으로 1/4회전

Ⓐ의 8보
1. 2보
심플 스핀 후
8.Q
Ⓐ의 8보
1.Q
2.Q

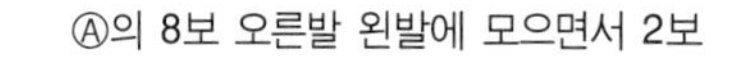
Ⓐ의 8보 오른발 왼발에 모으면서 2보

여성 오른쪽으로 1회전

심플 스핀 후
Ⓐ 여성
1보
2보
2.Q
8.Q
Ⓐ의 8보
1.Q

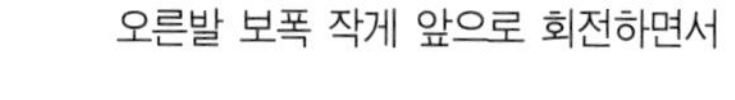
오른발 보폭 작게 앞으로 회전하면서

1

▲ 심플 스핀의 1보

2

▲ 심플 스핀의 2보

남성

스텝	발의 위치 & 리드	회전량	카운트	리듬
1	왼발, 오른발에 모은다. 왼쪽으로 회전하며, 그리고 여성을 오른쪽으로 회전하도록 한다. 신속하게 오른손을 놓아 주도록 한다.	왼쪽으로 회전 시작.	1	Q
2	체중을 오른발로 이동. 약간 왼쪽으로 계속 회전하며, 그리고 여성의 오른손을 왼손으로 잡는다. 잡는 시기는 여성의 회전이 거의 끝날 무렵.	왼쪽으로 계속 회전을 한다. 1~2보 사이에 회전량 1/4을 이룬다.	2	Q
			2소절	

여성

스텝	발의 위치	회전량	카운트	리듬
1	왼발에서 오른쪽으로 회전. 그리고 오른발 보폭 적게 앞으로.	2보에서 왼쪽으로 회전 시작.	1	Q
2	오른발 오른쪽으로 계속 회전. 그리고 왼발 뒤로 그리고 약간 옆으로(비스듬히 뒤로).	오른쪽으로 계속 2~5보 사이에 오른쪽으로 회전 완료.		Q
			2소절	

2. 치킨 워크 (Chicken Walk)

이 피겨는 닭이 걸어가는 모양을 연상케 하는 피겨이다.

여성의 역할이 매우 중요시 되는 피겨이다.

일반적으로 교습을 하다 보면 대체적으로 이 피겨에서 약간씩 시간이 지체된다. 개중에는 빠른 분들도 있지만 치킨 워크에서는 약간 지체되는 정도로 약간의 요령과 연습이 필요하다.

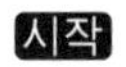

제일 손쉬운 방법은 삼바디 플레이트(Plait)를 생각하면 될 것이다.

여성은 콘트라 포인트 액션(Contra Point Action, Ⓐ) : 사진 참조.

Ⓐ를 알기 쉽게 생각한다면 발의 위치와 몸의 위치가 엇갈린 상태라고 보면 될 것이다(추후 '삼바'에서 자세히 설명할 것이다).

1

치킨 워크의 요령

우선 연결되는 앞의 피겨에서 진행을 잘 하여야 한다.

앞에서 할 수 있는 피겨

로는 Ⓐ 체인지 오브 플레이스 레프트 투 라이트, Ⓑ 폴 어웨어 스로어웨이, 크게 Ⓐ, Ⓑ의 두 종류로 나눌 수 있는데 요령은 비슷하다.

초보자도 편안하게 연결할 수 있는 Ⓑ의 경우를 예를 들어 설명을 해 보도록 하자.

남성은 폴 어웨이 스로어웨이(Fall Away Throwaway, Ⓑ)에서 여성을 리드할 때 제일 중요한 부분이 5보째이다.

2

보통의 Ⓑ를 행할 때보다 회전을 강하게 하도록 한다(회전량이 많도록 한다).

여성의 경우 5보에서 회전을 강하게 하면서 6~8보를 연결하려면 스파이럴 액션(Spiral Action)을 사용하면 된다.

3

스파이럴 액션 (Spiral Action)

나선형의 모양을 일컫는데, 양발이 엇갈린 듯한 상태에서 회전을 이루며 진행한다(룸바의 과정에서 자세히 설명을 할 것이다).

이때 남성은 여성의 손목을 살짝 돌려 손바닥이 바깥쪽(겉쪽)으로 보이도록 한다.

이 리드로 인하여 여성의 팔은 비틀린 듯한 형태를 이루게 된다.

6~8보는 여성이 남성을 등

뒤로 하여 크로스 상태(교차)를 이루며 전진 자세를 하도록 하는데, 끝의 8보 왼발에서는 체중을 완전히 앞의 왼발에 얹고 정면을 향한다. 이 동작이 완료된 후부터 치킨 워크의 동작이 이루어진다.

1보에서 여성은 오른쪽으로 강하게 회전을 하면서 다음 스텝으로 진행을 하도록 한다.

브러시 동작

체중이 얹혀진 발에 다른 발이 체중 없이 스치듯 지나치며 이어지는 동작이다.

여성

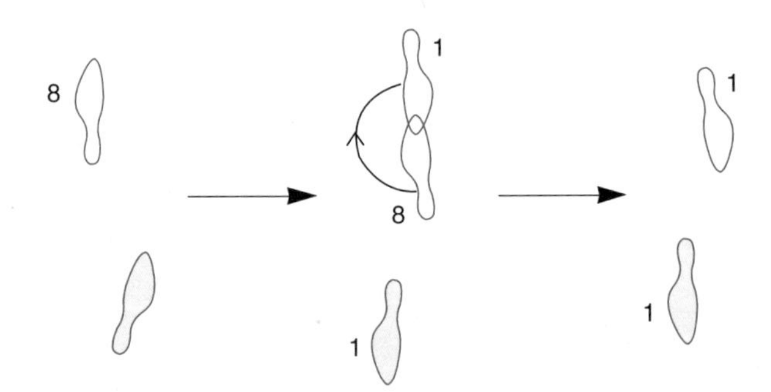

폴 어웨이 스로어웨이(8보)

남성

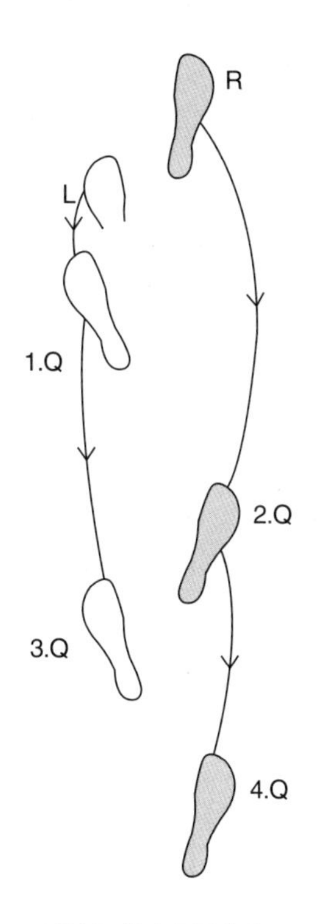

- 남성은 삼바의 플레이트(Plait)와 같은 형식으로 행한다.
- 발 앞부분이 먼저 닿고 뒤꿈치를 바닥에 힘차게 누르며 후진한다.

여성

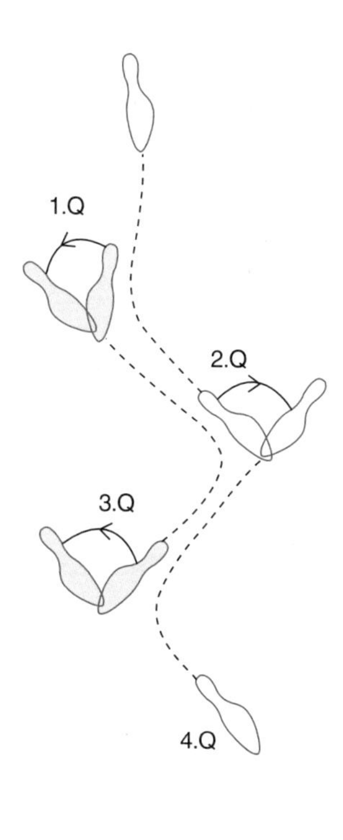

브러시 동작

체중이 얹혀진 발에 다른 발이 체중 없이 스치듯 지나치며 이어지는 동작이다.

남성

스텝	발의 위치 & 리드	회전량	카운트	리듬
1~4	여성을 앞으로 오도록 리드하며(L, R, L, R) 4보의 보폭은 적게.	없음.	1, 2, 3, 4	QQQQ
			1소절	

여성

스텝	발의 위치	회전량	카운트	리듬
1	왼발 오른쪽으로 회전하면서 오른발 앞으로.	오른쪽으로 1/8회전.	1	Q
2	오른발 왼쪽으로 회전하면서 왼발 앞으로.	왼쪽으로 1/4회전.	2	Q
3	왼발 오른쪽으로 회전하면서 오른발 앞으로.	오른쪽으로 1/4회전.	3	Q
4	오른발 왼쪽으로 회전하면서 왼발 앞으로, 남성 쪽을 향하여.	왼쪽으로 1/8회전.	4	Q
			1소절	

3. 컬리 윕 (Curly Whip)

윕(Whip) 종류의 하나이다.

일반적인 윕은 링크를 행한 후, 오른발이 왼발 뒤로 크로스 상태로 된 후 오른쪽으로 회전을 하면서 행하나 컬리 윕은 탄력적인 윕이다. 여성을 후진토록 한 후 그 탄력을 이용하여 행하는 것이다.

이때 여성은 탄력을 받기 위하여 오른쪽 회전시 왼쪽으로의 탄력적인 진행에 유의하여야 한다.

또한 남성은 탄력을 이용하기 위하여 왼팔을 약간 앞으로 쭉 펴서 탄력을 받도록 해야 한다.

여성이 왼쪽으로 회전할 때 남성은 클로즈 홀드 상태보다 더 느슨한 상태를 이루어 주어 여성

1

2

3

4

5

이 양팔 안에서 회전할 수 있도록 해 준다.

오른손은 위치만 지킬 뿐 회전시는 마치 손이 닿았는지 안 닿았는지 모를 정도로 여성을 편안히 움직이도록 해 주어야 한다.

회전이 끝난 후(남성은 왼쪽 샤세, 여성은 오른쪽 샤세), 남성은 정확한 홀드 상태(클로즈드 홀드)를 이룬다.

남성은 1보에서 거의 폴 어웨이 포지션 스타일로 여성을 리드한다.

컬리 윕은 마치 채찍이 휘감아 돌아가는 듯한 형태로 피겨를 행한다. 좌·우의 신속한 회전을 요한다.

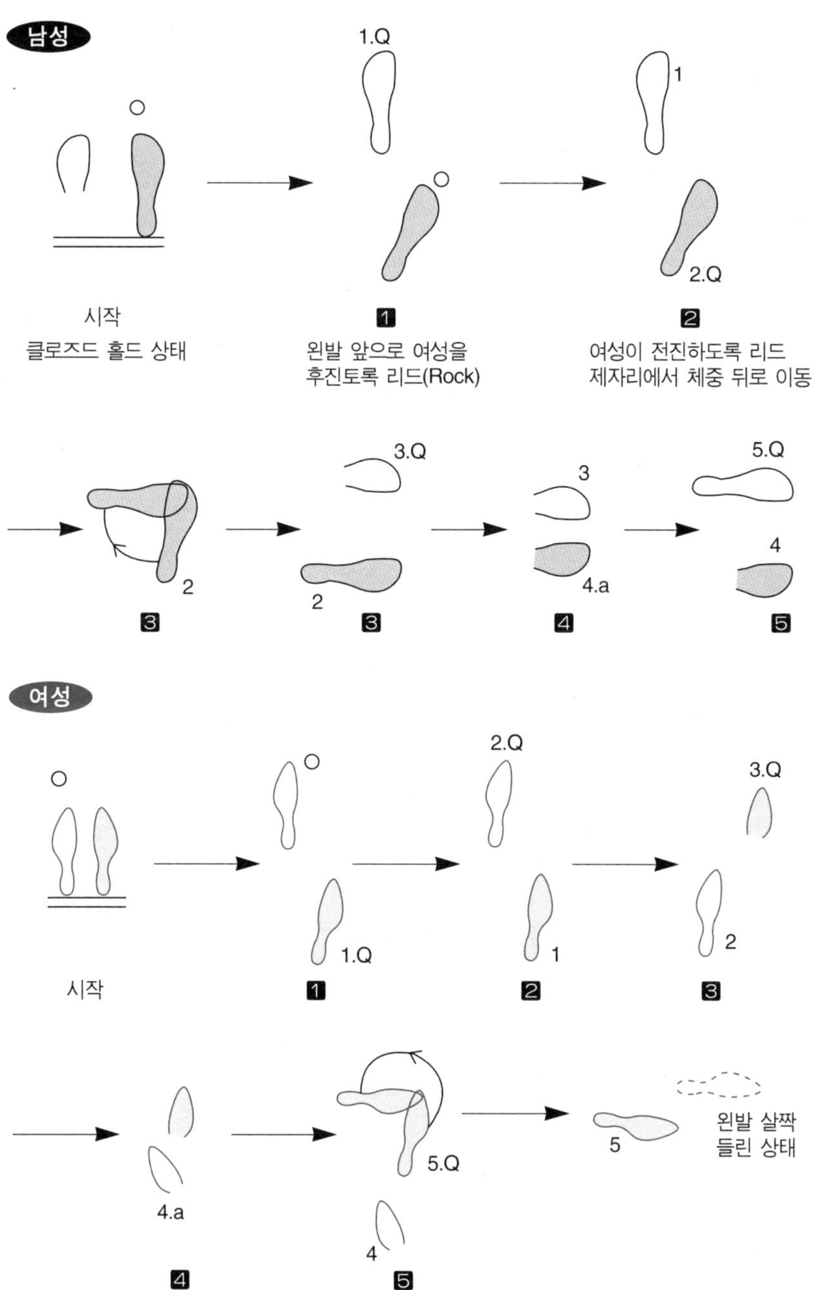
남성
1.Q
1
2.Q
시작
클로즈드 홀드 상태
1
왼발 앞으로 여성을
후진토록 리드(Rock)
2
여성이 전진하도록 리드
제자리에서 체중 뒤로 이동
2
3
3.Q
2
3
3
4.a
4
5.Q
4
5
여성
2.Q
3.Q
1.Q
1
2
시작
1
2
3
4.a
5.Q
4
4
5
5
왼발 살짝
들린 상태

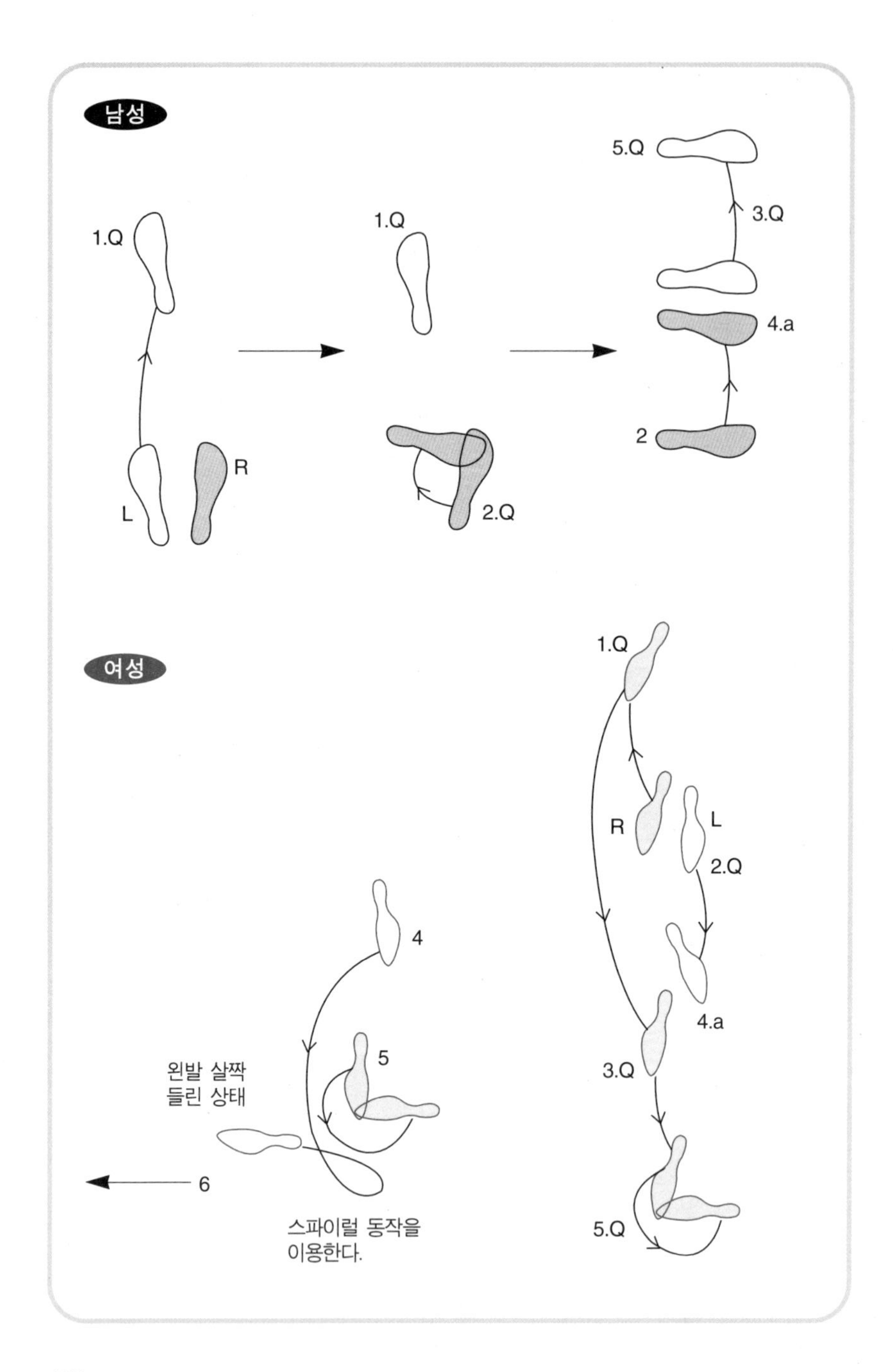
남성
1.Q
R
L
1.Q
2.Q
5.Q
3.Q
4.a
2
여성
1.Q
R
L
2.Q
4
4.a
5
3.Q
왼발 살짝
들린 상태
6
5.Q
스파이럴 동작을
이용한다.

남성

<table>
<tr><th>스텝</th><th>발의 위치 & 리드</th><th>회전량</th><th>카운트</th><th>리듬</th></tr>
<tr><td>1</td><td>왼발 앞으로, 여성 뒤로 가도록
리드하며 여성을 받쳐 준다.</td><td>2보에서 왼쪽으로
회전 시작.</td><td>1</td><td>Q</td></tr>
<tr><td>2</td><td>여성을 왼쪽으로 회전하도록
리드. 체중을 뒤로 오른발에
옮긴다.
오른발 제자리 스텝.</td><td>오른쪽으로 회전하기
시작.</td><td>2</td><td>Q</td></tr>
<tr><td rowspan="2">3~5</td><td rowspan="2">왼발 옆으로 샤세.
손 들어 여성을 왼쪽으로 회전
시켜 주며, 오른손은 놓아 준다.
거의 제자리에 여성이 회전을
끝낼 무렵 들었던 왼손을
내리며 다시 홀드
상태에서 들어간다.</td><td rowspan="2">오른쪽으로 계속
회전하며 2~5보
사이에 회전량 1/4을
이룩한다.</td><td>3 & 4</td><td>Q & Q</td></tr>
<tr><td colspan="2">2소절</td></tr>
</table>

여성

<table>
<tr><th>스텝</th><th>발의 위치</th><th>회전량</th><th>카운트</th><th>리듬</th></tr>
<tr><td>1</td><td>오른발 뒤로.</td><td>없음.</td><td>1</td><td>Q</td></tr>
<tr><td>2</td><td>왼발 제자리 스텝.
체중을 왼발로 옮긴다.</td><td>왼쪽으로 회전하기
시작.</td><td>2</td><td>Q</td></tr>
<tr><td rowspan="2"></td><td rowspan="2">남성이 들어 준 손 아래로
왼쪽으로 회전을 하면서
샤세(R, L, R). 거의 모은다.</td><td rowspan="2">왼쪽으로 계속 회전을
하면서 2~5보 사이에
왼쪽으로 회전량
3/4을 이루도록 한다.</td><td>3 & 4</td><td>Q & Q</td></tr>
<tr><td colspan="2">2소절</td></tr>
</table>

4. 토 힐 스위블 (Toe Heel Swivel)

① **토(Toe)** : 발의 앞쪽 끝부분(발가락 끝)
② **힐(Heel)** : 발의 뒤꿈치 부분
③ **스위블(Swivel)** : 발의 앞부분(Ball)을 이용하여 바닥에 비는 것(뒤꿈치는 사용하지 않으므로 들린 상태)

이 피겨는 명칭 그대로 ①, ②, ③의 반복이다.

남성 오른발에 체중을 얹고 왼발을 오른발에 모으면서 토.

벽 쪽을 향하고 오른발에 체중을 싣고 왼발에는 체중은 싣지 않고 발끝을 사용한다.

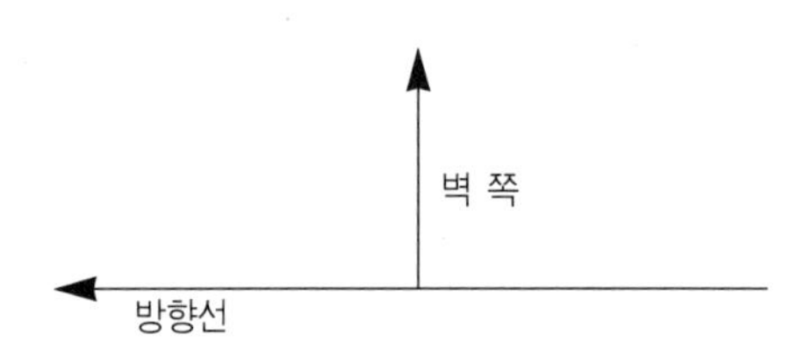

이때 발의 모양은 최대한 직선이 되어 발바닥이 일직선이

▲ 양손의 홀드 상태와 손의 높이와 자세

▲ 토(Toe)

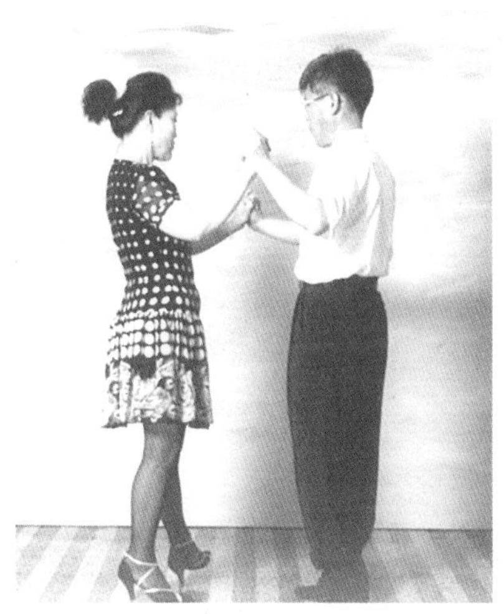

▲ 오른쪽으로 가로질러 가기

▲ 왼쪽으로 가로질러 가기

되어 뒤쪽을 향하도록 한다.

왼발을 옆으로 하여 뒤꿈치만을 바닥에 닿도록 한다. 발끝은 벽사쪽을 향하도록 한다.

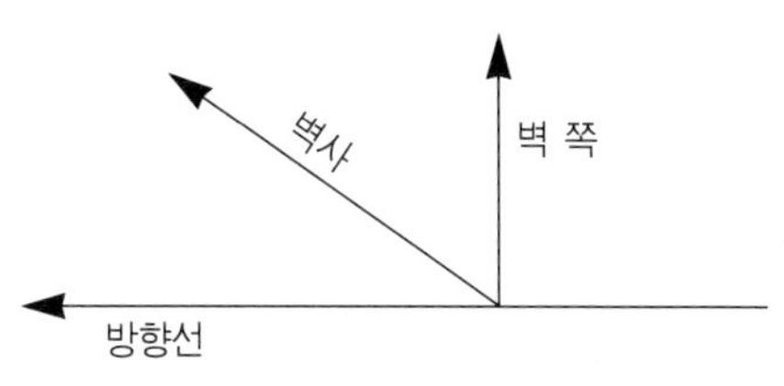

한쪽 발에 체중을 싣고 체중이 실린 발의 앞부분(Ball)을 이용하여 볼·턴이 되는 것이다. 뒤꿈치는 약간 들린 상태. 발의 볼(앞부분)만 사용한다.

남성

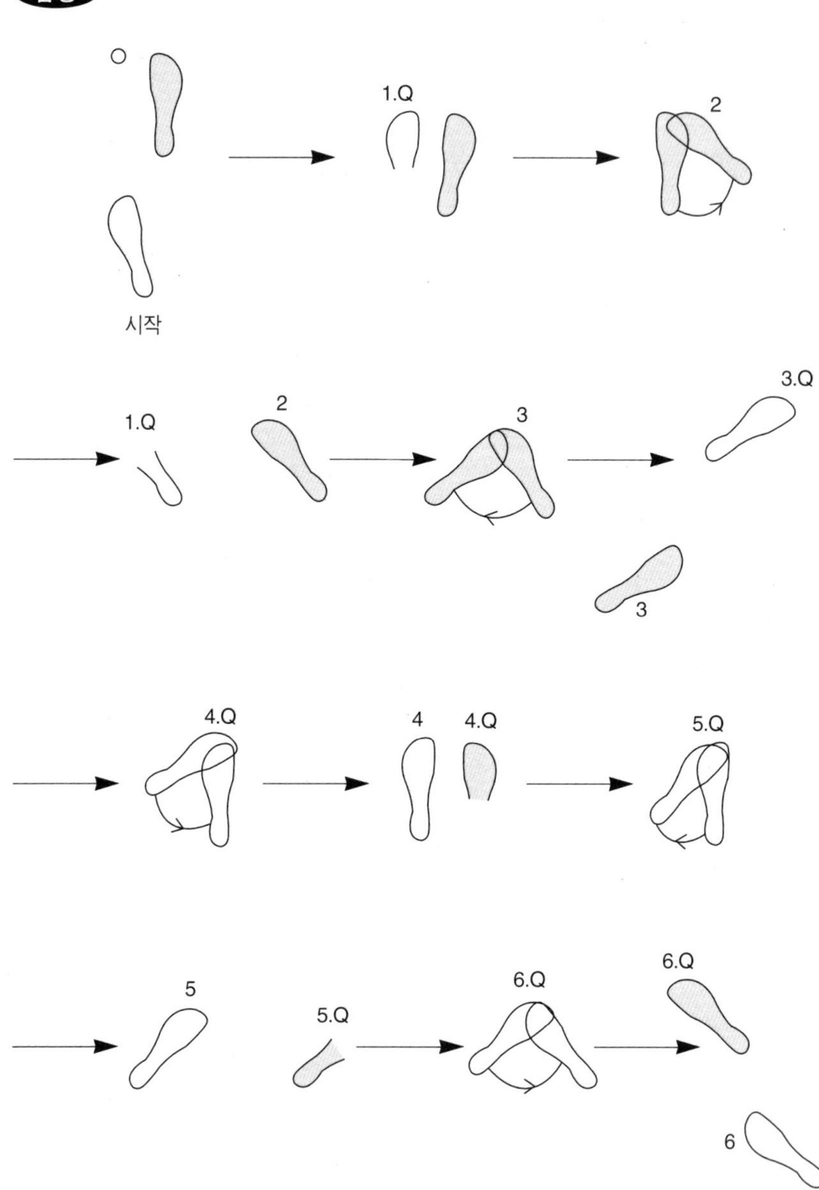
시작
1.Q
2
1.Q
2
3
3.Q
3
4.Q
4
4.Q
5.Q
5
5.Q
6.Q
6.Q
6

여성

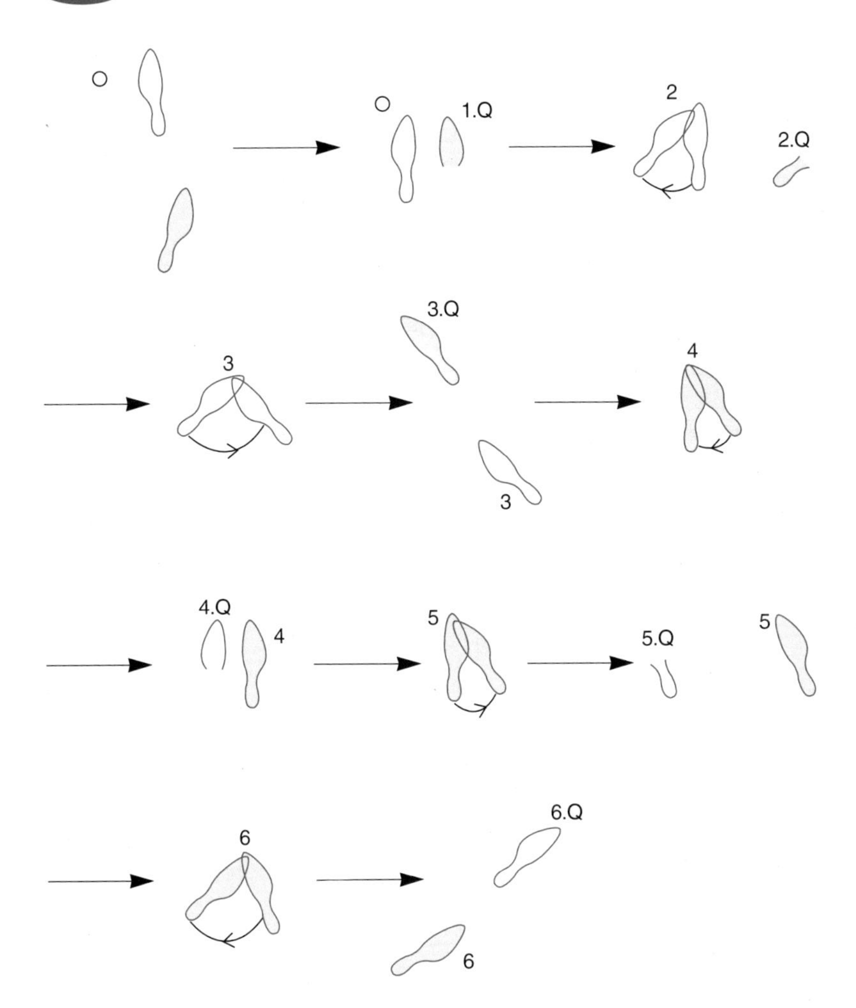

스텝	발의 위치 & 리드	회전량	카운트	리듬
1	오른발에서 오른쪽으로 약간 회전. 왼발을 오른발에 모으고 발끝(Toe)으로 체중 없이 C.P.P 상태. 여성을 왼쪽으로 회전시켜 주며.	오른쪽으로 1/8회전.	1	Q
2	오른발 왼쪽으로 약간 회전. 왼발 비스듬히 앞으로. 뒤꿈치로 체중 없이 P.P 상태로 여성을 오른쪽으로 회전시켜 주며.	왼쪽으로 1/4회전.	2	Q
3	오른발로 약간 오른쪽으로 회전. 그리고 왼발 가로질러 보폭 작게 하여 C.P.P인 상태로. 여성을 왼쪽으로 회전시켜 주며.	오른쪽으로 1/4회전.	3	Q
4	왼발을 왼쪽으로 약간 회전. 오른발, 왼발 모으고(Toe 상태) P.P 상태로 여성을 오른쪽으로 회전시켜 주고.	왼쪽으로 1/4회전.	4	Q
5	왼발 오른쪽으로 약간 회전. 오른발 비스듬히 앞으로(Heel) 체중 없이 C.P.P 상태로 여성을 왼쪽으로 회전시켜 주며.	오른쪽으로 1/4회전.	5	Q
6	왼발 약간 왼쪽으로 회전. 그리고 오른발 앞으로 가로질러 건너가며 P.P 상태로 보폭 작게. 여성을 오른쪽으로 회전시켜 주며.	오른쪽으로 1/4회전.	6	Q
			2소절	

여성

스텝	발의 위치	회전량	카운트	리듬
1	왼발을 왼쪽으로 약간 회전. 오른발을 왼발에 모으고 (Toe 상태) 체중 없이 C.P.P 상태.	오른쪽으로 1/8회전.	1	Q
2	왼발을 오른쪽으로 약간 회전. 오른발을 비스듬히 앞으로 전진 (Heel). 체중 없이 P.P 상태로.	왼쪽으로 1/4회전.	2	Q
3	왼발 약간 오른쪽으로 회전. 오른발 앞으로, 그리고 가로질러서 보폭 적게 C.P.P 상태로.	오른쪽으로 1/4회전.	3	Q
4	오른발 약간 오른쪽으로 회전. 왼발 오른발에 모으고 (Toe 상태) 체중 없이 P.P 상태로.	왼쪽으로 1/4회전.	4	Q
5	오른발 왼쪽으로 약간 회전. 왼발 비스듬히 앞으로 체중 없이 앞으로(Heel) C.P.P 상태로.	오른쪽으로 1/4회전.	5	Q
6	오른발 오른쪽으로 비스듬히 회전. 그리고 왼발 앞으로 가로질러서 보폭 적게 P.P 상태로.	오른쪽으로 1/4회전.	6	Q
			2소절	

5. 플릭 인투 브레이크 (Flick into Break)

플릭과 브레이크의 사용법과 의미

① 플릭(Flick)

플릭이란 자이브에 있어서 발끝으로 가볍게 바닥을 톡톡 건드리듯 살짝 딛는 동작을 의미한다. 왼발, 오른발 양쪽을 사용하는데, 발의 앞

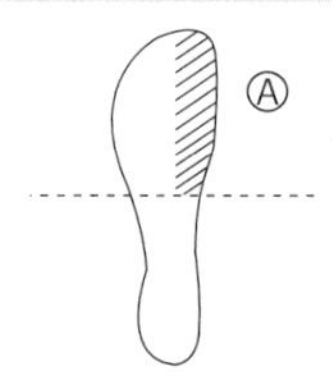

Ⓐ 부분에서 빗금친 부분
:안쪽(Inside Edge)

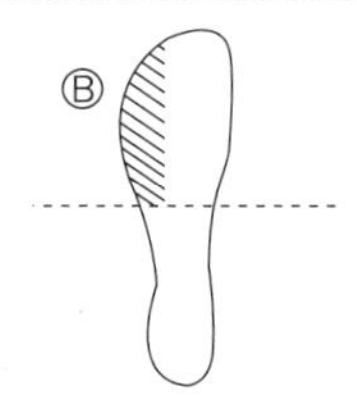

Ⓑ 부분에서 빗금친 부분
:바깥쪽(Outside Edge)

※ 왼발, 오른발 양쪽 다 사용.

▲ 왼발의 플릭 동작

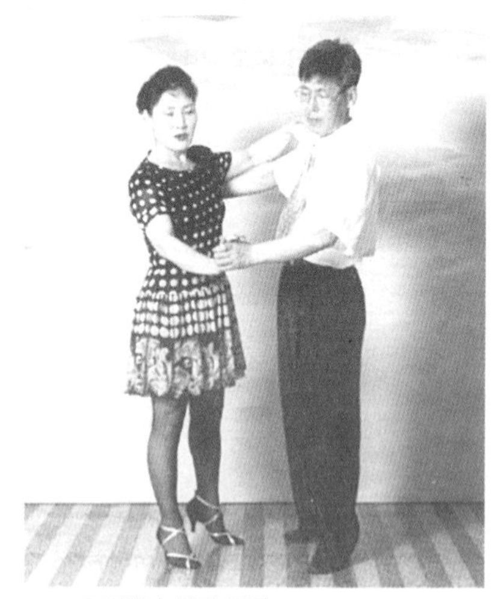

▲ 오른발의 플릭 동작

(Ball)부분에서 특히 외측 부분의 부분 사용을 의미한다.

② **브레이크(Break)**

자이브에 있어 브레이크 동작이란 스텝을 진행함에 있어서 동작이 진행되는 동안 갑자기 멈추었다가 다시 헤치고 나가듯 동작이 이어지는 것을 의미한다.

리듬은 주로 QaQ을 많이 사용하고, 카운트는 3 a 4를 많이 사용한다.

플릭의 사용에는 상체의 가벼운 스웨이(Sway:기울임)가 병행이 되는데, 피겨에 맞춰 활용하도록 한다.

Ⓐ

▲ 오른발의 브레이크 동작

Ⓑ

▲ 왼발의 브레이크 동작

Ⓑ

▲ 오른발의 브레이크 동작

브레이크 동작에는
①Q, Q, QaQ(1, 2, 3a4)
②QaQ(3a4)

①과 ②의 병용이 사용되는 경우가 많은데, 이의 구분에 있어서 정확한 활용법은 피겨의 구성에 따라 달라진다.

플릭 앤 브레이크(Flick & Break)
체중을 오른발에 얹고 클로즈(드) 페이싱 포지션으로 시작해서 클로즈(드) 페이싱 포지션으로 끝낸다.

시작시 홀드 상태의 여러 방법

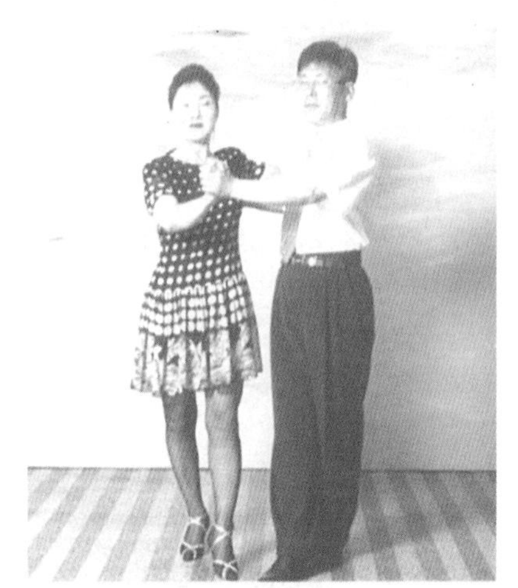

▲ 보통의 홀드 상태에서 시작

▲ 양손을 펴서(더블 홀드) 스트레치 아웃(Stretch Out) 스타일

Ⓐ의 상태로 계속(처음부터 끝까지)
Ⓑ의 상태로 계속(처음부터 끝까지)

이 피겨의 설명은 Ⓑ의 경우를 기준으로 하여 보자.

1

▲ 플릭 동작(남성 왼발, 여성 오른발)

2

▲ 오른발 체중 이동

3

▲ 왼발 체중 이동

4

▲ 플릭 동작

남성

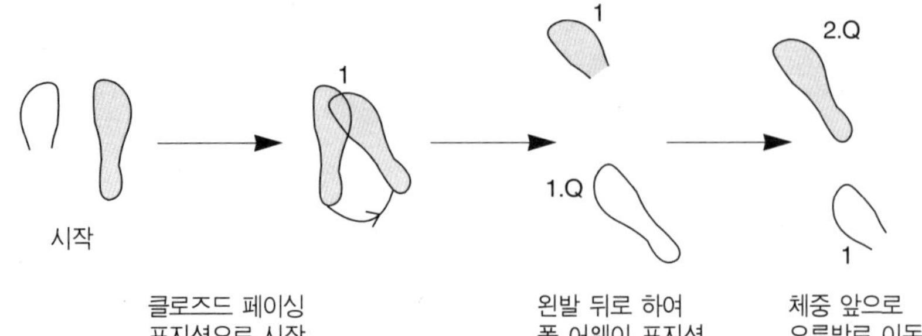

클로즈드 페이싱
포지션으로 시작

왼발 뒤로 하여
폴 어웨이 포지션

체중 앞으로
오른발로 이동
거의 제자리에서

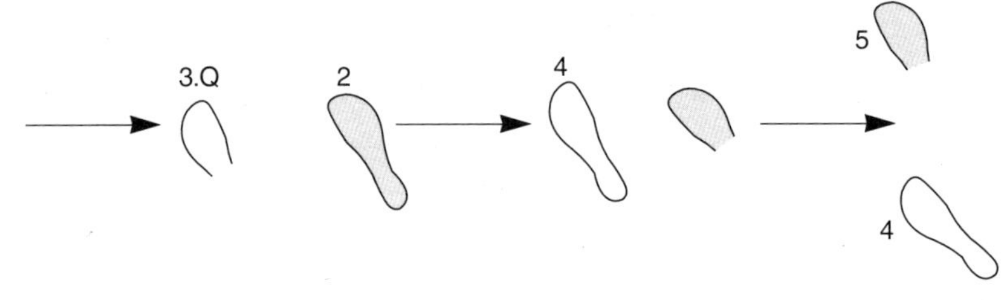

발끝 안쪽으로
왼쪽으로(스웨이) 약간

왼발 앞으로 완전히
딛고 체중 이동

오른발, 왼발 가로
질러서 바깥쪽 포인트
(오른쪽으로 스웨이)

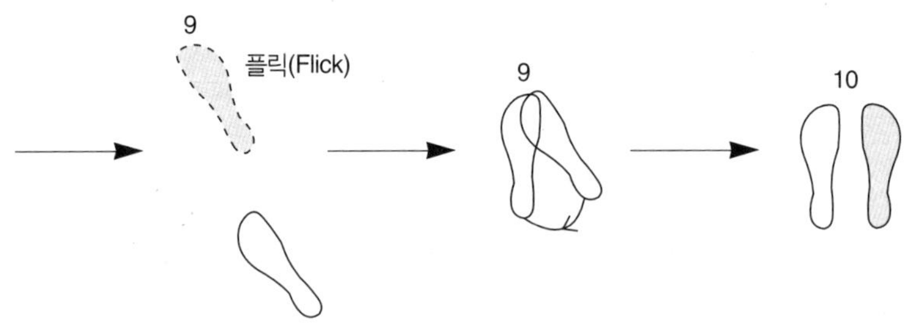

오른발 구부려 올리고
내려 펴고 바닥에서 들고

오른발 왼발에
모으고

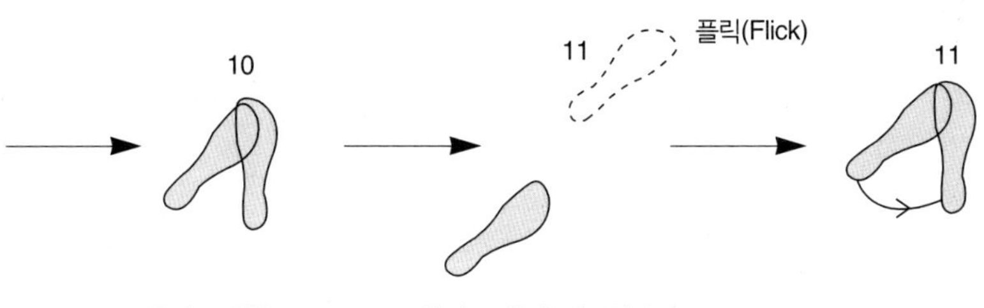
10
11
플릭(Flick)
11
오른발 오른쪽으로
회전하여 주고
왼발, 오른발 가로질러서
왼발 바닥에서 들어
무릎을 구부렸다 펴고

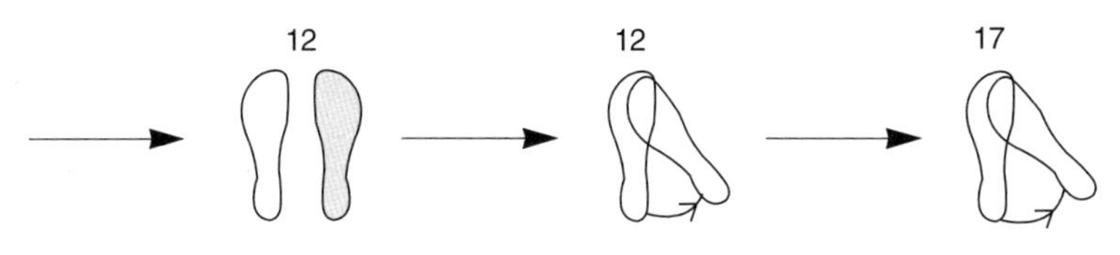
12
12
17
오른발, 왼발 가로질러서
앞으로 체중 얹고

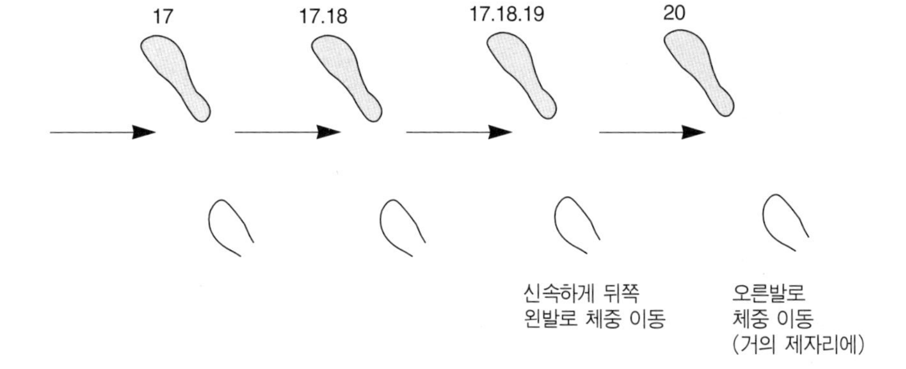
17
17.18
17.18.19
20
신속하게 뒤쪽
왼발로 체중 이동
오른발로
체중 이동
(거의 제자리에)

남성

스텝	발의 위치 & 리드	회전량	카운트	리듬
1~2	폴 어웨이 록의 1, 2보(L, R).	1보에서 왼쪽으로 1/8회전.	1, 2	Q Q
3	왼발 P.P 상태로 옆으로. 체중 없이 몸을 왼쪽으로 기울이며(살짝 하는 것이 포인트) 대기만 한다.	없음.	3	Q
4	왼발 P.P 상태에서 보폭 적게 몸을 똑바로 세운다.	없음.	4	Q
5	몸을 오른쪽으로 기울이며 오른발 P.P 상태에서 가로질러 전진. 그리고 발을 체중 없이 얹지 않고 살짝 댄다(포인트).	없음.	5	Q
6	오른발 P.P 상태에서 앞으로 C.B.M.P를 이룬다. 몸을 바로 세운다.	없음.	6	Q
7~8	3~4와 동일 반복.	없음.	7, 8	Q Q
9	오른발 바닥에서 든 채로 P.P 상태 가로질러 오른발 든 채로 킥.	왼쪽으로 몸을 약간 회전.	1	Q
10	오른발 거의 옆에 모으고 여성을 왼쪽으로 회전시켜 주며, 오른쪽으로 회전하고 여성과 정면 향한다.	오른발 오른쪽으로 1/4회전.	2	Q

11	바닥에서 왼발 들린 채로 P.P 상태. 가로질러 앞으로 킥.	오른쪽으로 몸 약간 회전.	3	Q
12	왼발을 오른발에 거의 모으고 왼쪽으로 정면 향한다(여성은 오른쪽으로 회전시킨다).	왼발 왼쪽으로 1/4회전.	4	Q
13~16	9~12보와 동일.	9~12보와 동일.	5, 6, 7, 8	Q Q Q Q
17	P.P인 상태에서 오른발 가로질러 나간다. C.B.M.P만 든다.	없음.	1	Q
18	홀드 상태를 그대로 유지한다.	없음.	2, 3	Q Q
19	체중을 뒤의 왼발에 옮긴다.	없음.	a	a
20	체중을 앞의 오른발에 옮기며 제자리 스텝. P.P 상태 유지.	없음.	4	Q
			5소절	

여성

스텝	발의 위치	회전량	카운트	리듬
1~2	폴 어웨이 록의 1, 2보.	1보에서 왼쪽으로 1/8회전.	1, 2	Q Q
3	몸을 오른쪽으로 기울이며 오른발 P.P 상태로 체중 없이 옆으로 살짝 댄다(포인트).	없음.	3	Q
4	P.P 상태로 오른발 옆으로 보폭 적게. 몸은 똑바로 세운다.	없음.	4	Q

5	몸을 왼쪽으로 기울이며 왼발 앞으로 P.P 상태. 가로질러 C.B.M.P 체중 없이 (포인트) 살짝 댄다.	없음.	5	Q
6	왼발 앞으로 P.P상태로 그리고 보폭 적게 C.B.M.P를 이룬다. 몸을 바로 세운다.	없음.	6	Q
7~8	3~4보 반복.	없음.	7, 8	Q Q
9	왼발 바닥에서 발을 들어 P.P 상태. 가로질러 든 상태에서 킥. 오른발 근처에서.	왼쪽으로 몸을 약간 회전.	1	Q
10	왼발 오른발 가까이 모으며 왼쪽으로 회전하며 상대방과 마주 본다.	왼발 왼쪽으로 1/4회전.	2	Q
11	오른발 바닥에서 발을 들어 P.P 상태. 가로질러 든 상태에서 킥.	오른쪽으로 몸을 약간 회전.	3	Q
12	오른발 왼발 가까이 모으며 오른쪽으로 회전하며 상대방과 정면으로 마주 본다.	오른발 오른쪽으로 1/4회전.	4	Q
13~16	9~12보와 동일.	9~12보와 동일.	5, 6, 7, 8	Q Q Q Q
17	왼발 P.P인 상태 가로질러 전진. C.B.M.P를 이룬다.	9~12보와 동일.	1	Q
18	홀드 상태 C.B.M.P를 이룬다.	9~12보와 동일.	2, 3	Q Q
19	오른발로 체중만 이동 (뒤로 체중 이동).	9~12보와 동일.	a	a
20	체중 앞으로 이동하며 왼발 제자리 P.P 상태.	9~12보와 동일.	4	Q
			5소절	

Variation 바리에이션

응용

1 Shadow Stalking Walk
섀도 스토킹 워크

2 Mooch
무치

3 Flea Hop
플리 홉

4 Ending to Stop & Go
앤딩 투 스톱 앤 고

5 Shoulder Spin
숄더 스핀

6 Catapult
캐터펄트

7 Chugging
처깅

8 Whip Spin
윕 스핀

9 Rotary Zigzag
로터리 지그재그

10 Flick Cross
플릭 크로스

11 New York with Spring
뉴욕 위드 스프링

12 Coca Rola
코카 롤라

1. 섀도 스토킹 워크 (Shadow Stalking Walk)

두 사람의 동작이 마치 한 사람의 움직임처럼, 동작시 그림자가 생겨서 움직이듯 똑같이 움직이며, 뒤따르듯 살금살금 움직이며, 성큼성큼 걷는 듯한 행동으로 이루어진다. 그러기 위해서는 남성과 여성이 진행되는 발을 똑같이 하여 행하면 된다. 그러기 위해서는 발 교환(Foot Change)이 이루어져야 하는데, 이 피겨에서는 선행 피겨로 스톱 앤 고(Stop & Go)를 행하면서 이룬다.

스톱 앤 고(Stop & Go)의 남성과 여성 스텝을 비교해 보자.

남성 L, R, L, R, L, R → 6보 → 1, 2, 3, 4, 1, 2

여성 R, L, R, L, R, L, R → 7보 → 1, 2, 3 & 4, 1, 2

남성은 왼발로 시작하여 오른발로 끝낸다. 여성은 오른발로 시작하여 오른발로 끝낸다. 이후에 진행되는 과정에서 남성과 여성은 똑같이 왼발을 행할 수가 있다. 이와 같이 발 교환(Foot Change)은 남성이나 여성 한쪽에서 3 & 4(3보)를 행할 때 상대방은 3, 4(2보)를 행함으로써 서로의 발을 똑같이 맞출 수가 있다.

그리고 그 다음의 동작에서부터는 같은 발을 사용하여 똑같은 동작을 할 수가 있다. 이와 같이 진행을 하여 끝 동작에서는 다르게 하여 남성, 여성 원래 시작할 때의 발로 교환이 되어 다음 동작으로 연결이 이루어진다.

이 피겨에서 1~7보의 과정은 스톱 앤 고(Stop & Go)의 동작과 똑같으므로 생략을 하고 8보의 과정부터 설명을 하기로 하겠다.

1~7보의 동작을 이룬 뒤의 남성과 여성의 위치는 남성이 여성의 왼편 뒤쪽 옆으로 하여 위치한다. 여성은 남성의 오른편 앞쪽에 위치하도록 한다(R Side-by-Side Position).

1~7보를 행한 후의 자세

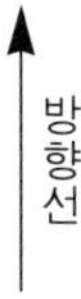

남성과 여성은 같은 방향을 향하게 된다(L.O.D 방향).

1보 시작은 여성을 오른쪽에서 왼쪽으로 보내는 피겨를 끝낸 후 남성은 L.O.D를 향하고, 여성은 방향선(L.O.D)을 등뒤로 하여 시작을 한다.

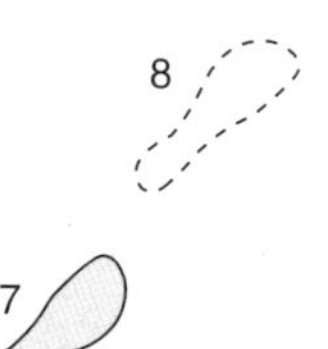

남성과 여성은 오른쪽 무릎을 약간 낮추고 체중을 오른발 앞부분을 바닥에 살짝 닿도록 하듯 행한다. 이때 왼발에는 체중이 실리지 않도록 한다.

남성과 여성의 왼팔의 관계를 눈여겨보도록 하자. 이외의 방법에도 여러 가지가 있으니 차차 설명하기로 하자.

남성의 오른손도 갈고리(Crook) 스타일도, 있고 여성의 왼쪽 견갑골 아랫부분에 위치하기도 한다.

체중을 왼발로 이동하여 중심을 싣고 8보에서 왼쪽으로 기울였던 몸을 똑바로 하고 약간 앞쪽으로 이동한다.

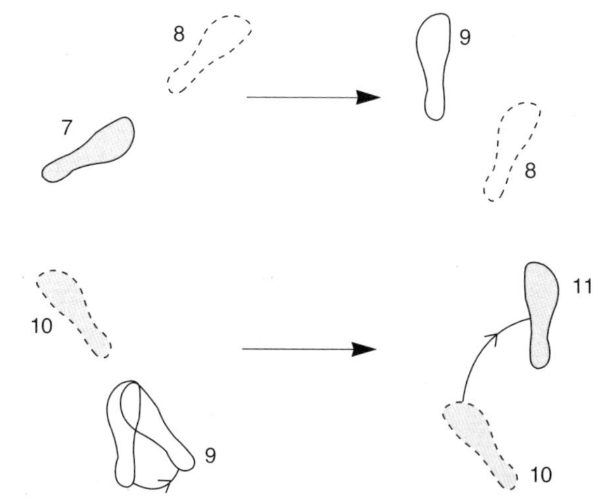

왼발은 약간 무릎 늦추고 체중을 얹는다. 오른쪽으로 몸을 약간 기울이고.

오른발 체중 이동, 약간 앞으로 전진. 몸을 똑바로 펴고.

12보~15보는 8보~11보와 동일하다.

결국 스토킹 워크를 2회 반복하는 것이다.

Ⓐ - 왼발 두 번 : 탭하는 식으로 하고 중심을 이동하여 약간 앞으로 전진하고, 오른발 두 번 : 탭하는 식으로 하고 중심을 이동하여 약간 앞으로 전진하고, Ⓐ의 과정을 2회 하는 것이다.

이때 유의할 점은 제자리에서 행하는 것이 아니라는 것이다.

일부 잘못된 동작을 하는 분들이 많은데, 바로 그것이 제자리에서 스토킹 워크를 행하는 것이다.

16보~21보는 스토킹 워크가 끝난 후 남성은 자이브 샤세를 2회 반복하며, 여성을 왼쪽으로 돌아서 남성과 떨어져서 마주 보도록(오픈 페이싱 포지션) 리드를 한다. 이때 남성은 2번째 샤세에서 여성의 오른손을 남성의 왼손으로 잡도록 한다.

여성은 이때 발 교환(Foot Change)이 이루어진다.

남성과 여성의 리듬을 비교해 보자.

남성 1& 2, 3&4 → (L, R, L, R, L, R) : 6보

여성 1, 2, 3&4 → (L, R, L, R, L) : 5보

여성은 1보의 왼발에서 1/2회전을 하여 남성을 향하도록 하고, 2보의 오른발은 옆으로 하여 약간 뒤로 비스듬히 하고, 3~5보의 샤세에서 남성과의 간격을 조절하며 후진하도록 한다.

이로써 다음 피겨의 연결을 함에 있어서 여성의 1보는 오른발, 남성의 1보는 왼발로 행해지게 됨으로써 연결이 된다.

이 피겨에서의 중요점은 전반부에서는 남성이 발 교환을 하고, 후반부에서는 여성의 발 교환이 이루어진다는 것이다.

2. 무치 (Mooch)

이 피겨는 28보로 이루어져 있는데, 플릭 동작이 가미되어 있고 오른쪽, 왼쪽 차례로 반복하여 샤세로 이동하며 행한다.

이 피겨를 시작할 때는 클로즈드 페이싱 포지션(Closed Facing Position) 상태에서 시작을 하도록 한다(화보 참조).

▲ 무치 동작시

① **1보~2보**: 1보와 2보는 폴 어웨어록의 1보와 2보를 행한다.
남성은 왼쪽으로 1/4회전, 여성은 오른쪽으로 1/4회전을 하도록 한다.
이때 남성은 양손의 홀드 상태를 유의하여야 한다.
왼손으로 여성이 회전을 수월하게 하도록 리드를 한 후 손을 놓고 오른손은 여성의 등쪽에서 허리에 위치하도록 한다.

- 남성 : 1보(왼발), 2보(오른발)
- 여성 : 1보(오른발), 2보(왼발)

시작시 남성은 벽사를 향하고, 여성은 벽사를 등뒤로 한다.

② **3보**: 시작시의 방향은 서로 달랐으나 1~2보를 행한 후 똑같이 방향선을 향한 상태에서 3보를 행하도록 한다. P.P 상태를 이루고 3보에서는 남성과 여성이 똑같이 플릭 동작을 행한다.
플릭 동작에 대한 자세한 설명은 19번을 참조한다.
이때 남성은 왼팔을 옆으로 쭉 편 채로 하고, 여성은 오른팔을 옆으로 쭉 펴서 동작의 일체감을 더하도록 한다. 각각 팔의 스트레칭 동작이 사용이 된다.

③ **4보 :** 3보의 플릭 동작을 행한 후 남성은 왼발을 오른발에 모으고 여성은 오른발을 왼발에 모으고, 체중은 남성 왼발, 여성은 오른발에 얹는다.

④ **5보~6보 :** 남성은 오른발로 플릭 동작을 행하고(5보) 왼발에 모은다(6보).
여성은 왼발로 플릭 동작을 행하고(5보) 오른발에 모은다(6보).

⑤ **7보~8보 :** 방향선을 향한 채 회전량 없이 폴 어웨이 록의 1보와 2보를 행한다(남성 : 7보(왼발), 8보(오른발), 여성 : 7보(오른발), 8보(왼발)).

⑥ **9보~11보 :** P.P인 상태에서 샤세를 행하면서 C.P.P 상태를 이루도록 한다. 방향선을 향한 상태에서 방향선을 등뒤로 한다. 1/2회전.

⑦ **12보 :** 역 폴 어웨이 포지션 상태를 취하도록 한다.
처음 시작할 때와 방향, 동작이 반대로 시작된다고 생각하면 더 수월해질 것이다. 발도 반대이다. 남성 오른발, 여성 왼발 뒤로 후진하며 체중을 얹는다.

⑧ **13보 :** 역 P.P인 상태에서 체중을 앞쪽에 있는 발로 이동한다. 남성은 왼발, 여성은 오른발로 체중 이동.

⑨ **14보 :** 역 P.P인 상태에서 플릭 동작을 취한다. 남성은 오른발, 여성은 왼발.
이 피겨에서의 플릭 동작은 가벼운 플릭 동작을 의미한다. 그러므로 바닥에서 약간 떨어진 듯한 가벼운 플릭 동작을 취하도록 한다.

⑩ **15보 :** 플릭한 발을 반대편 발에 모으도록 한다. 역 P.P인 상태에서 남성은 오른발을 왼발에 모으고, 여성은 왼발을 오른발에 모은다.

⑪ **16보 :** 남성은 왼발, 여성은 오른발을 플릭한다.

⑫ **17보 :** 남성은 왼발을 오른발에 모으고, 여성은 오른발을 왼발에 모은다.

⑬ **18보~19보 :** 12보와 13보의 동작을 반복한다.

⑭ **20보~22보 :** 남성은 오른발 샤세를 행하면서 왼쪽으로 돌아(1/2회전) 폴 어웨이 포지션을 취하도록 한다. 여성은 왼발 샤세를 행하면서 오른쪽으로 돌아(1/2회전) 폴 어웨이 포지션을 취한다.
- 남성 : R, L, R
- 여성 : L, R, L

⑮ **23보~28보 :** 1보에서 6보의 동작을 반복하도록 한다.

위의 스텝을 정리해 보자(남성 기준으로 하여).

① **1보~8보 :** 오른쪽 사이드 바이 사이드 포지션(R Side-by-Side Position)으로 행한다.
② **9보~11보 :** 오른쪽으로 회전하며 샤세. 오른쪽 손(허리에 있던)을 놓아 주고 왼손을 여성의 허리에 위치한다.
③ **12보~19보 :** 왼쪽 사이드 바이 사이드 포지션(L Side-by-Side Position)으로 행한다.
④ **20보~22보 :** 왼쪽으로 회전하며 샤세. 왼손(허리에 있던)을 놓아 주고 오른손은 여성의 허리에 위치한다.
⑤ **23보~28보 :** 오른쪽 사이드 바이 사이드 포지션(R Side-by-Side Position)으로 행한다.

오른쪽 사이드 바이 사이드 포지션(R Side-by-Side Position)일 때는 왼손을 쭉 펴서 스트레칭, 왼쪽 사이드 바이 사이드 포지션(L Side-by-Side Position)일 때는 오른손을 쭉 펴서 스트레칭한다.

3. 플리 홉 (Flea Hop)

▲ 홉(Hop) 동작

벼룩이 톡톡 튀는 듯한 동작이 연상되는 피겨이다.

차차차에서의 스키핑 무브먼트(Skipping Movement)를 생각하면 될 것이다.

차이점을 보면 스키핑 동작은 한쪽 발이 강하게 미끄러지면서 바운스 동작이 이루어지지만 플리 홉은 미끄러지는 동작이 약하게 제자리에서의 바운스를 이용하여 발끝을 찍는 듯한 동작을 연출하면 되는 것이다.

이 피겨를 하기 위해서는 윕 스로어웨이(Whip Throwaway)에서의 3보, 4보, 5보 3&4에서 끝의 5보(오른발)를 시작점, 즉 연결의 고리로 하여 이 피겨와 연결이 되도록 한다.

이 피겨를 숙달된 상태에서 하기 위해서는 홉 동작과 클로즈(close) 동작이 반복적으로 이루어져야 하는데, 왼발, 오른발 1번씩 깡총깡총 한 발에 2번씩 깡총깡총 연습을 반복하여 보자. 의외로 쉽게 연습이 될 것이다.

참고로, 이와 관련된 비디오 테이프를 보면 이해가 더욱 쉬울 것이다.

① **1보 :** 남성의 경우는 선행의 피겨 웝 스로어웨이에서의 5보는 오른발로 끝맺음이 되었다. 5보(오른발)가 바닥에 닿아 있는 상태에서 시작이 된다. 오른발을 왼쪽으로 살짝 미끄러지듯 깡총 뛰는 홉(Hop) 동작을 한다. 이때 왼발은 무릎을 구부리고 바닥에서(보통 6인치, 경우에 따라 가감이 될 수도 있다) 들어 주고 허리 위의 상체를 약간 오른쪽으로 기울게 하여 준다.
여성의 경우는 동작과 요령은 같으나 남성과는 반대의 발을 사용하여 남성의 동작과는 대칭이 되도록 한다.
리듬 : a

② **2보 :** 왼발을 오른발에 모은다. 1보에서 오른쪽으로 기울게 하였던 상체의 동작은 그대로 유지한다.
여성은 오른발을 왼발에 모으고 몸의 상체 기울임은 왼쪽으로 하여 유지한다.
리듬 : 1

③ **3보 :** 이번에는 왼발로 깡총 뛰는 홉(Hop) 동작이다. 오른발은 무릎을 약간 늦추고 허리 위의 상체를 왼쪽으로 기울게 하여 준다.
여성의 경우는 오른발로 홉(Hop) 동작을 하고 왼발은 무릎을 약간 낮추고 바닥에서 발을 뗀다(남성의 1보 경우와 동일하다).
리듬 : a

④ **4보 :** 오른발을 왼발에 모은다. 몸의 기울임은 왼쪽으로 계속하고 여성의 경우는 왼발을 오른발에 모으고 몸의 기울임은 오른쪽으로 한다.

⑤ **5보 :** 오른발의 홉(Hop) 동작(1보의 동작을 반복한다), 여성은 왼발의 홉(Hop) 동작(1보의 동작을 반복한다)을 한다.

⑥ **6보 :** 왼발을 오른발에 모으며 탭(Tap) 동작을 한다(체중 없이). 몸의 기울임을 오른쪽으로 하고 여성은 남성과의 반대 동작, 오른발

을 왼발에 모으고 탭 동작을 하고 기울임은 왼쪽으로 한다.

5보와 6보를 정리하여 보자.

결론은 간단하다. 탭(Tap) 동작이 추가되어 있는 동작이다. 결국 두 번 깡총깡총 뛴다고 생각하면 된다. 오른발 축의 뜀은 변함이 없고 왼발 연속 두 번 반복의 홉 동작이다.

⑦ **7보~8보:** 1보와 2보의 반복 동작(홉(Hop) 동작 그리고 모으기(Close)).
남성, 여성 1, 2보의 반복이다.

⑧ **9보:** 남성, 3보의 반복 동작. 왼발의 홉(Hop) 동작(깡총 뛰는 동작).
여성 3보의 반복 동작. 오른발의 홉(Hop) 동작(깡총 뛰는 동작).

⑨ **10보:** 남성은 왼발을 오른발에 모으며 탭(Tap) 동작. 왼발의 동작이므로 몸의 기울임은 왼쪽을 유지하고, 체중은 왼발에 얹지 않는다.
여성은 오른발을 왼발에 모으며 탭(Tap) 동작. 오른발의 동작이므로 몸의 기울임은 오른쪽으로 유지하고, 체중은 오른발에 얹지 않는다.

⑩ **11보~12보:** 남성, 여성 각자의 3보와 4보의 반복이다.

12보에서의 끝 동작 후 다음 피겨의 연결이 이어지므로 남성은 오른발, 여성은 왼발의 체중 이동 후의 동작이 원만히 이루어지도록 하여야 하므로 사이드 바이 사이드(Side-by-Side) 동작에서 페이싱(Facing) 동작이 되도록 한다.

옆 동작에서 정면 동작으로 미리 준비하도록 하기 위해서는 음악보다 약간 빨리 끝 동작으로의 융통성 있는 신속함이 필요하다.

4. 엔딩 투 스톱 앤 고 (Ending to Stop & Go)

이 피겨는 스톱 앤 고(Stop & Go)의 동작 후반부에 2보를 추가하여 여성의 신속한 회전 동작이 요구되는 피겨이다. 스톱 앤 고의 응용 형태라고 보면 될 것이다. 1보에서 7보까지의 동작은 스톱 앤 고의 동작과 동일하다.

스톱 앤 고의 동작은 8~10보의 동작으로 끝이 나나 이 피겨에서 2보(8보와 9보)의 회전 동작이 가미되어 샤세의 10~12보가 이어진다.

여성의 회전은 오른쪽으로 8보(오른발)에서 1/2 오른쪽 회전, 9보(왼발)에서 1/2 오른쪽 회전.

남성은 짧게 앞으로 전진하며 8보(오른발), 9보(왼발)를 행하되 왼손을 들어 여성이 오른쪽으로 회전을 수월히 하도록 유도한다.

여성은 10보~12보에서 샤세를 행하면서 1/2회전을 하도록 한다.

① **1보~7보:** 스톱 앤 고(Stop & Go)의 1~7보.
- 남성 : L, R, L, R, L, R, L
- 여성 : R, L, R, L, R, L, R • 리듬 : 1, 2, 3&4, 1, 2

② **8보**
- 남성 : 오른발 앞으로 짧게.
- 여성 : 왼발(여성은 오른발(7보)에서 오른쪽으로 1/2회전하고 왼발은 옆으로 하여 약간 뒤).

③ **9보**
- 남성 : 왼발 앞으로 짧게.
- 여성 : 오른발(여성은 왼발(8보)에서 오른쪽으로 1/2회전하고).

④ **10보~12보**
- 남성 : 전진하며 샤세(R, L, R).
- 여성 : 오른쪽으로 1/2회전하며 샤세, 끝의 왼발은 뒤로 하여 오픈 페이싱 포지션 자세를 취한다(L, R, L).

5. 숄더 스핀 (Shoulder Spin)

남성이 여성의 전면에서 여성을 회전하도록 하는 방법에는 여러 가지 방식이 있다. 손과 손이 접촉하여 이루어지기도 하고 신체의 적당한 부위, 즉 남성의 리드가 전달이 잘 되고, 상대방에게 결례가 되지 않는 부분, 팔끝 부분과 어깨의 연결 부분을 이용하는 방법이다.

남성의 리드의 근원지는 어깨이다. 상체의 힘이 어깨를 통하여 팔과 손으로 전달되는 것이다.

이 피겨는 여성의 오른손을 남성의 오른손으로 잡고(Hand Shake Hold) 여성을 좌회전시켜 주면서 잡은 손을 놓치 않고 남성이 왼쪽으로 돌면서 허리 뒤로 하여 열중 쉬어 상태에서의 오른손과 같은 위치를 유지하고, 남성의 왼손은 여성의 오른쪽 어깨 부분을 밀어 주며 여성이 회전하도록 유도하는 피겨이다.

물론 남성과 여성은 페이싱 포지션(마주 보는 상태)을 이룬다.

① **1보~2보 :** 링크의 1보, 2보를 행한다.

- 남성 : L, R
- 여성 : R, L

② **3보~5보**

- 남성 : 제자리에서 샤세(L, R, L) 왼쪽으로 1/8 정도 돌아 여성이 오른팔을 들어 여성이 왼쪽으로 돌도록 리드. 남성이 오른쪽으로 행하도록 한다.
- 여성 : 전진 샤세를 하며(R, L, R), 왼쪽으로 1/2회전을 하도록 한다.

③ **6보~8보**

- 남성 : 제자리에서 샤세(R, L, R), 왼쪽으로 1/4 돌면서 여성의 오른손을 잡은 남성의 오른손을 허리 뒤로 하여 열중 쉬

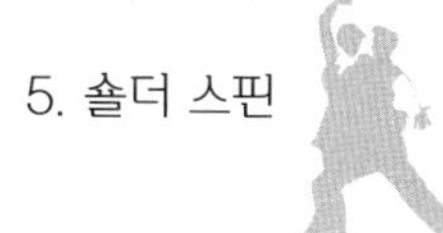

어 형태를 이룬다.

• 여성 : 여성은 왼쪽으로 1/8 계속 돌면서 샤세(L, R, L).

지금까지의 회전량을 비교하여 보자.

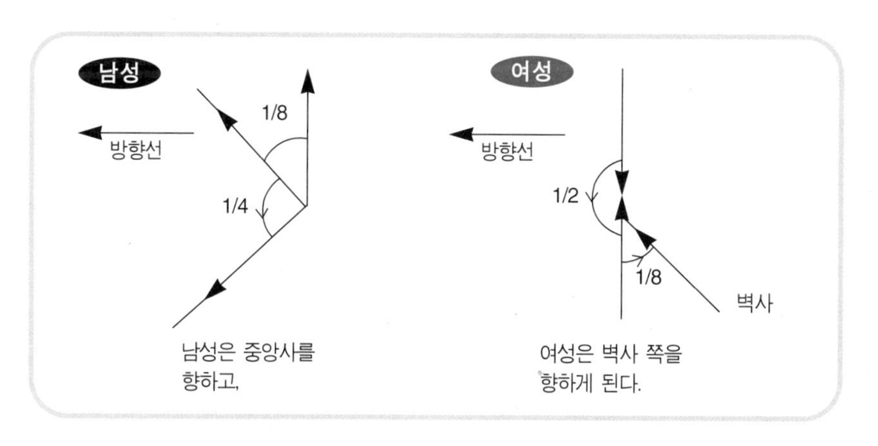

▲ 숄더 스핀

8보까지를 행한 후의 남성과 여성의 위치 관계와 자세이다.

남성과 여성은 역시 P.P 형태를 이룬다.

8보까지 이어진 형태에서 이제는 아메리칸 스핀을 연결한다고 생각을 하면 된다. 9보~13보의 5보를 1, 2, 3a4 리듬에 맞추어 5보째(13보)에서 여성이 돌도록 리드를 하면 되는 것이다.

④ 9보~13보

• 남성 : 오른손을 허리 뒤로 하여 여성의 오른손을 잡은 상태에서 왼손으로 여성의 팔끝 어깨 부위를 가볍게 잡고 제자리에

서 9보~13보를 행한다.
이때 남성은 13보에서 여성이 오른쪽으로 회전하도록 리드한다. 리드할 때 남성은 동시에 허리 뒤로 하여 잡았던 여성의 오른손을 놓아 주어야 한다(L, R, L, R, L).

- 여성 : 남성이 오른손을 허리 뒤로 하여 여성의 오른손을 잡은 채 동작을 취하므로 여성은 오른손을 최대한 힘을 뺀 상태에서 남성의 동작에 불편함이 없도록 배려를 해 가면서 제자리에서 스텝을 행하고, 13보에서는 신속하게 오른쪽으로 회전을 하도록 한다. 약간 근접된 상태에서의 회전이므로 유의하여야 한다(R, L, R, L, R).

⑤ 14보~16보

- 남성 : 왼쪽으로 1/8 돌면서 샤세. 중앙 쪽을 향하도록 한다.
- 여성 : 계속 오른쪽으로 돌면서 샤세. 회전량을 7/8 만들어 남성과 정면으로 향하도록 한다. 여성은 벽 쪽을 향하게 된다.

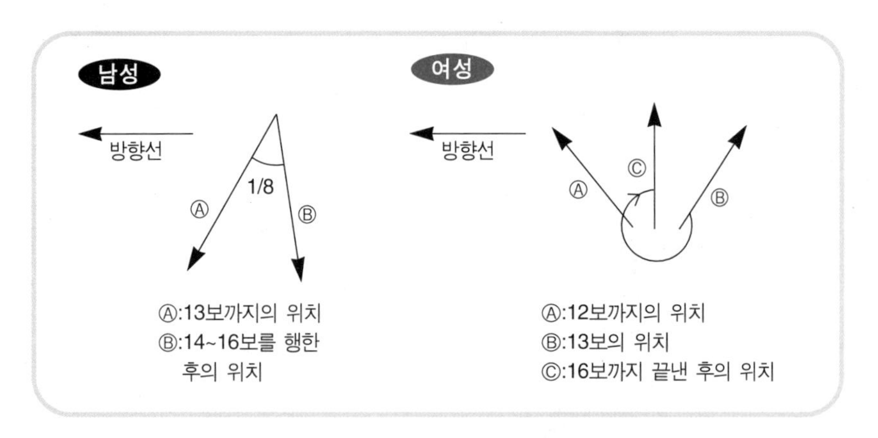

16보까지 끝내고 나면 남성과 여성은 오픈 페이싱 포지션의 형태를 이루게 된다. 계속해서 왼쪽에서 오른쪽으로 보내 주기나 기타 적당한 피겨를 연결하면 될 것이다.

6. 캐터펄트 (Catapult)

이 피겨의 명칭 그대로의 뜻을 살펴보면 항공모함의 비행기 사출장치, 또는 글라이더 시주기(始走器) 등으로 이해할 수가 있는데, 댄스에서의 동작은 힘찬 움직임, 즉 뛰어오르는 듯 튀어오르는 듯한 동작의 표현이 된다면 더욱 우아한 것이다.

새총을 쏘듯 또는 활을 쏘듯 시위를 당겼다가 놓는 듯한 동작이 연출된다면, 생동감 있는 피겨의 모습이 보는 이로 하여금 흥미를 더욱 유발할 것이다.

이 피겨를 행하려면 여성을 왼쪽에서 오른쪽으로 보내면서 남성의 오른손으로 여성의 오른손을 잡는 핸드 셰이크 홀드(Hand Shake Hold)로 하여 오픈 페이싱 포지션으로 시작을 하도록 한다.

① 1보~2보

- 남성, 여성 : 링크의 1보와 2보.
- 남성 : L, R • 여성 : R, L

② 3보~5보

- 남성 : 오른손을 들어 여성이 남성의 오른쪽으로 하여 나오면서 왼쪽으로 돌 수 있도록 리드하면서 짧게 샤세(L, R, L).
- 여성 : 전진하며 샤세(R, L, R). 남성의 오른쪽으로 하여 돌기 시작한다.

③ 6보~8보

- 남성 : 여성을 왼쪽으로 계속 회전하도록 리드하면서 거의 제자리에서 샤세(R, L, R). 약간 오른쪽으로 이동한다.
- 여성 : 5보의 오른발에서 왼쪽으로 비스듬히 뒤로 샤세(L, R, L). 남성의 오른쪽으로 지나가면서 남성의 뒤쪽, 왼쪽에 위치하도록 한다.

이때 남성은 여성이 남성의 뒤편 왼쪽에 위치한 것을 확인하고 왼손으로 여성의 왼손을 잡는다.

Ⓐ 왼손으로 여성의 왼손을 잡고, 오른손으로 여성의 오른손을 계속 잡고 있는 방법. 결국 양손으로 잡는 방법(더블 홀드)이 있다.

Ⓑ 남성이 오른손으로 여성의 오른손을 잡고 진행하다 여성이 남성의 뒤편에 위치할 때 남성은 신속하게 여성의 오른손을 왼손으로 교체하여 잡는 방법이다.

Ⓑ의 경우 남성이 왼손으로 여성의 오른손을 잡고, 이때 놓아 주었던 남성의 오른팔을 앞으로 쭉 펴서 잡아당기는 듯 탄력을 얻어 왼손을 당기면서 여성을 앞으로 전진시키며 회전을 하도록 리드하는 방법도 있다.

④ 9보

- 남성 : 왼발 앞으로 전진하며 여성을 뒤쪽으로 가도록 리드한다.
- 여성 : 오른발 뒤로 후진하며 남성과 약간의 간격을 유지하며 탄력 있는 상태를 유지한다.

⑤ 10보

- 남성 : 체중을 뒤쪽에 있는 오른발로 이동하면서 오른손을 놓아 준다.
- 여성 : 체중을 앞쪽에 있는 왼발로 이동하고, 탄력 있게 차고 나갈 준비를 한다.

⑥ 11보~13보

- 남성 : 여성이 남성의 왼쪽 옆을 지나면서 오른쪽으로 회전하도록 리드를 하면서 거의 제자리에서 샤세. 당기면서 손을 놓아 주는 시기는 13보이다(왼발에서).
- 여성 : 남성의 왼쪽 옆을 지나면서 오른쪽으로 회전을 하도록 한다. 여성은 전진하며 샤세. 이때의 회전은 13보(오른발)에서 강하게 이루어진다.

⑦ **14보~16보**

- 남성 : 왼손을 놓아 준 상태에서 여성이 계속 회전을 하도록 한다. 남성은 거의 제자리에서 샤세(R, L, R). 여성과의 간격을 확인하며 가감을 하는 것이 바람직하다.
- 여성 : 계속 전진하여 돌면서 샤세를 하도록 한다. 회전 방향은 오른쪽. 이때 여성은 회전량 1과 1/2을 이루도록 한다. 회전을 완료한 후 여성은 남성과 오픈 페이싱 포지션 상태를 이루게 된다(L, R, L).

7. 처깅 (Chugging)

어린시절 기차놀이 하던 모습을 연상해 보자.

앞, 뒤에서 줄을 잡고, 줄 안으로 들어가 빙글빙글 걸어가면서 원을 만들며 뛰놀던 모습.

이 피겨는 남성이 여성을 좌우로 리드하면서 기차놀이하듯 돌면서 칙치폭폭 소리내며 돌아가는 기관차의 바퀴에 연결된 이음새가 올라가고 내려가면서 바퀴를 돌려 주는 형태를 연출한다고 생각하면 기억하기가 더욱 수월할 것이다.

이 피겨는 양손을 잡고 하는 더블 홀드로 시작을 하는데, 폴 어웨이 스로어웨이를 행한 후에 하면 더블 홀드 상태가 훨씬 수월할 것이다.

① 1보~2보

- 남성, 여성 : 링크의 1보, 2보.
- 남성 : L, R • 여성 : R, L

② 3보~5보

- 남성 : 여성을 왼쪽으로 돌도록 리드하면서 남성 역시 왼쪽으로 돌면서 거의 제자리에서 샤세를 한다(L, R, L).
- 여성 : 남성을 향하여 왼쪽으로 1/4 돌면서 샤세를 행한다. 제자리에서 샤세를 하듯 하면서 회전을 하도록 한다(R, L, R). 남성의 왼편으로 약간 치우치도록 방향을 잡는다.

③ 6보~8보

- 남성 : 여성을 오른쪽으로 돌도록 리드하면서 계속 왼쪽으로 약간 돌면서 샤세(R, L, R).
- 여성 : 남성과 약간 떨어지면서 오른쪽으로 거의 1/4회전하면서 샤세를 행한다(L, R, L 짧게).

④ 9보~17보

- 남성, 여성 : 3보~8보까지를 먼저 반복하고 ➔ 9~14보
  3보~5보를 반복한다. ➔ 15~17보
  여성은 남성의 주변을 원을 이루며 샤세를 행한다(남성 : L, R, L. R, L, R. L, R, L 여성 : R, L, R. L, R, L. R, L, R).

⑤ 18보~20보

- 남성 : 여성을 오른쪽으로 회전하면서 양손 홀드에서 한 손의 홀드로 바꾸어 잡는다. 왼손으로 여성의 오른손만 잡는다. 오픈 페이싱 포지션을 이룬다. 거의 제자리 샤세(R, L, R).
- 여성 : 오른쪽으로 거의 7/8회전하면서 샤세의 끝 왼쪽 발 뒤로 샤세(L, R, L).

남성이 리드할 때 주의할 점

3보~17보를 행하는 동안 남성은 여성을 왼쪽, 오른쪽으로 차례대로 돌려 주는데, 이때 요령은 여성이 왼쪽으로 돌 때는 남성의 오른팔을 쭉 펴 주고, 여성이 오른쪽으로 돌 때는 왼손을 쭉 펴 주어 리드하도록 한다. 한쪽 팔이 펴지면 상대편 쪽 팔은 당겨 준다고 생각하면 된다.

이 피겨에 들어갈 때 1보, 2보에서 남성은 미리 왼쪽으로 회전할 준비를 하여 약간 여성의 왼쪽으로 미리 빠져 나간다. 그것이 이 피겨를 손쉽게 하는 요령이다.

8. 윕 스핀 (Whip Spin)

이 피겨는 윕을 행하면서 여성을 회전하도록 하여 주는 피겨이다. 즉, 윕과 스핀의 혼합된 형태로 생각하면 된다.

남성은 스핀할 때의 스위치 동작에 유의하여 보자.

스위치 동작(Switch Movement)

스위치 동작이란 우리가 보통 가정에서 사용하는 전기 스위치를 켰다 껐다 하는 동작을 반복할 때 스위치가 한쪽은 올라가고 한쪽은 내려가는 모습에 비유한 것이다.

댄스에 있어서의 스위치 동작은 체중 이동을 하면서 체중이 실린 쪽의 발은 무릎을 약간 늦추고, 중심을 잡고 체중이 실리지 않은 발은 쭉 펴서 포인팅 동작을 하듯 자세를 취하면 되는 것이다.

이때의 동작은 두 발이 닿은 상태에서 한쪽 발이 볼(앞부분)을 이용하여 직선(1/2회전)으로 왕복하는 것을 의미한다. 앞, 뒤의 움직임을 말하는 것이다.

시작은 남성은 오픈 페이싱 포지션으로 벽 쪽을 향하고, 여성은 벽 쪽을 등뒤로 한다.

① 1보~5보

- 남성 : 링크의 1보~5보를 행한다(L, R, L, R, L).
- 여성 : 링크의 1보~5보를 행한다(R, L, R, L, R).

② 6보~7보

- 남성 : 윕(Whip)의 1보, 2보를 행한다. 중앙 쪽을 등뒤로 향한다(R, L).
- 여성 : 윕(Whip)의 1보, 2보를 행한다. 중앙 쪽을 등뒤로 향한다(L, R).

③ 8보

- 남성 : 왼발에 체중을 얹고 무릎을 늦추며 상체를 오른쪽으로 약간 기울이며, 오른손의 홀드 상태를 풀어 주고 왼팔은 들어 여성이 오른쪽으로 회전할 수 있도록 리드한다.
  C.B.M.P를 이룬다.
- 여성 : 남성이 들어 준 손 아래로 하여 오른발로 오른쪽으로 1/4 회전을 하고, 왼발 옆으로 방향선을 등뒤로 하고 몸을 왼쪽으로 기울인다.

④ 9보

- 남성 : 체중을 왼발에 얹은 채로 8보의 자세를 그대로 유지하고 여성을 오른쪽으로 계속 회전하도록 한다.
- 여성 : 여성은 방향선을 향하고 왼발로 오른쪽으로 1/2회전을 하고 오른발은 왼발 옆으로. 상체는 왼쪽으로 기울인 상태를 계속 유지하며 회전한다.

⑤ 10보

- 남성 : 체중을 오른발로 신속하게 이동(앞쪽으로 이동)하며, 여성을 오른쪽으로 계속 회전하도록 한다.
  이때 남성은 왼손을 들어 준 상태에서 자신의 목을 감아 돌리는 듯한 형태를 취한다. 10보를 행하면서 남성은 벽 쪽을 향한다. 남성은 스위치 동작을 하므로 1/2회전을 하게 된다. 오른쪽 무릎은 약간 늦추고 왼발은 체중 없이 쭉 펴고 C.B.M.P를 이루도록 한다.
- 여성 : 오른발로 계속 오른쪽으로 회전하여 3/4회전을 하고 왼발 뒤로 하여 벽 쪽을 등뒤로 한다.

여성의 회전이 끝날 때 남성은 팔을 내려 준다. 이로써 윕 스핀이 일단락된 것이다. 후행의 방법으로는 2가지가 있는데,

Ⓐ 왼쪽에서 오른쪽으로 보내 주기.

Ⓑ 한 손의 홀드 상태(남성 왼손으로 여성의 오른손)로 4번의 후진

보타 포고스(Four Backward Bota Fogos)를 하는 방법이 있는데, 이동이 없는 보타 포고스(Without Travel)를 제자리에서 행하면 된다.

이때 리듬 3&4에 유의하여야 한다. 삼바의 보타 포고스와 같은 것이다.

- 남성 : L, R, L, R, L, R, L, R, L, R, L, R
- 여성 : R, L, R, L, R, L, R, L, R, L, R, L

11보에서 22보는 삼바의 특유의 리듬을 잘 강조해야 한다. 대체적으로 강약의 구별 없이 무조건 양발을 모으고 옆으로 벌려 주는 듯한 3&4는 금물이다. 리듬의 조절을 잘 해야 할 것이다.

이동 없는 제자리에서의 크로스 3&4에 유의하자.

9. 로터리 지그재그 (Rotary Zigzag)

지그재그에는 여러 형태가 있다. 약간의 곡선을 이루며 스텝으로 이루어지는 지그재그 형태의 로타리 지그재그, 그리고 대각선의 형태를 이루며 좌, 우로 전진하는 형태의 통상적인 지그재그. 주된 형태는 2종류이지만 혼합 형태의 지그재그 및 여기서 응용된 형태의 지그재그 등 여러 가지 변형된 형태도 있다.

이 피겨는 교차로 형태(로터리)의 지그재그, 즉 동·서·남·북 방향을 기준으로 하여 왔다갔다하며 이루어지는 형태의 지그재그로 회전량의 차이에 따라 방향이 조절되기도 한다.

이 피겨의 선행 피겨로는 윕(Whip)이 사용되고 클로즈드 페이싱 포지션으로 시작이 된다. 윕(Whip)의 2보 후에 연결이 된다.

① 1보

- 남성 : 여성을 뒤로 후진하도록 하고(왼팔을 쭉 펴서 리드) 오른쪽으로 돌기 시작하면서 왼발 앞으로.
- 여성 : 오른쪽으로 돌기 시작하면서 오른발 뒤로.

② 2보

- 남성 : 오른쪽으로 계속 회전하면서 체중을 뒤에 있던 오른발로 이동.
- 여성 : 여성은 남성의 오른쪽 옆으로 하여(여성의 위치에서 보면 왼쪽 옆으로 하여) 왼발 앞으로, 오른쪽으로 계속 돌면서.

③ 3보

- 남성 : 오른쪽으로 계속(약간씩) 돌면서 왼발 뒤로 여성을 오른쪽 옆으로 위치하도록 하면서.
- 여성 : 남성의 오른쪽 옆으로 전진하면서 오른쪽으로 계속 회전.

④ 4보

• 남성 : 계속 오른쪽으로 돌면서 체중을 앞쪽에 있는 오른발로 이동.
• 여성 : 오른쪽으로 계속 돌면서 왼발 옆으로.

⑤ 5보~7보

• 남성 : 1보~3보를 반복한다(L, R, L).
• 여성 : 1보~3보를 반복한다(R, L, R).
1~7보까지의 회전량이 3/4을 이룬다.

⑥ 8보

• 남성 : 체중을 왼발에 얹고 홀드 상태를 그대로 유지. 7보와 8보를 똑같은 형태로 유지한다. 즉, 리듬 4를 쉬면서 카운트한다.
• 여성 : 7보의 오른발을 그대로 유지한다.

⑦ 9보

• 남성 : 오른발을 왼발에 모으면서 여성이 오른쪽으로 강하게 트위스트 동작(발을 앞부분(Ball)을 이용하여 회전을 하도록 리드한다).
• 여성 : 왼발을 오른발에 모으면서 오른쪽으로 1/8 트위스트한다.

⑧ 10보

• 남성 : 여성을 왼쪽으로 트위스트하도록 리드하며, 체중을 오른발에 얹고 머무르듯 정지하듯(헤지테이션) 한다.
• 여성 : 강하게 왼쪽으로 1/4 트위스트 동작을 하며, 체중을 왼발에 얹는다.
10보까지의 동작이 이루어진 후 심플 스핀의 동작으로 연결이 된다.

⑨ **11보**

- 남성 : 왼손을 들어 여성을 오른쪽으로 회전하도록 하고 오른손의 홀드 상태를 풀어 준다. 제자리에서 왼발에 체중을 얹는다.
- 여성 : 남성이 들어 준 손 아래로 왼발로 오른쪽으로 1/2회전을 하고 오른발 약간 앞으로 한다.

⑩ **12보**

- 남성 : 여성을 오른쪽으로 계속 회전을 하도록 하면서 제자리에서 체중을 오른발에 얹고 리드한다.
- 여성 : 오른발로 오른쪽으로 1/2회전을 하고, 왼발 뒤로 하여 비스듬히 옆으로 한다.

12보에서 여성의 회전이 완료될 때 남성은 들어 주었던 왼손을 내려 주고 오픈 페이싱 포지션을 이루도록 한다.

10. 플릭 크로스 (Flick Cross)

플릭을 사용하는 피겨로 반대편 발의 앞을 교차하여 플릭을 하고 스프링 동작이 가미되는 혼합형이다.

시작은 여성을 왼쪽에서 오른쪽으로 보내면서 남성의 왼손은 여성의 오른손, 남성의 오른손은 여성의 왼손을 잡고 더블 홀드로 마주보고 오픈 페이싱 포지션으로 시작을 하게 된다.

① 1보

- 남성 : 왼발 뒤로 후진, 히프를 약간 뒤로 뺀다.
- 여성 : 오른발 뒤로 후진, 히프를 약간 뒤로 뺀다.

② 2보

- 남성 : 앞쪽에 있던 오른발로 히프를 이동(골반의 이동)한다.
- 여성 : 앞쪽에 있던 왼발로 히프를 이동(골반의 이동)한다.

③ 3보

- 남성 : 왼쪽으로 약간 회전하며 오른발은 홉 동작(깡총 뛰며)을 한다. 왼발은 바닥에서 4~6인치 정도 들고 P.P 상태를 유지하며 쭉 펴고 발끝은 바닥을 향하도록 한다.
- 여성 : 남성과 같은 방법으로 하되 여성의 발 사용은 남성과 반대이다. P.P 상태를 유지한다.

④ 4보

- 남성 : 오른쪽으로 약간 돌면서 상대방을 향하도록 하고 왼발을 스프링 동작(튕기듯)으로 오른발 앞쪽에 교차되도록 한다. 이때 오른발은 약간 뒤쪽으로 빠지면서 바닥에서 약간 떨어진 형태를 유지한다.
  미끄러지듯 바닥에서 발을 뒤로 하면서 깡총 뛰는 자세를

행하도록 한다. 오른발을 뒤로 빼면서 왼발 앞으로 교차한다.

- 여성 : 왼쪽으로 약간 돌면서 상대방을 향하도록 하고 오른발을 왼발 앞으로 교차되도록 한다. 스프링 동작을 하며, 왼발을 뒤로 미끄러지듯 살짝 뛰면서 오른발을 왼발 앞으로 교차되도록 한다.

⑤ **5보**

- 남성 : 오른쪽으로 약간 돌면서 왼발의 홉 동작(깡충), 오른발은 바닥에서 4~6인치 떨어지도록 하면서 플릭 동작. 오른쪽 발을 쭉 펴고 발끝은 바닥을 향하도록 한다.
- 여성 : 왼쪽으로 약간 돌면서 오른발의 홉 동작(깡충). 왼발의 플릭 동작. 왼발을 쭉 펴고 발끝은 바닥을 향한다.
  남성과 여성은 역 P.P(C.P.P) 자세를 이룬다.

⑥ **6보**

- 남성 : 약간 왼쪽으로 돌면서 상대방을 마주하고 오른발은 스프링 동작을 하며, 왼발 앞에 교차되도록 한다. 왼발 뒤로 미끄러지듯 빼면서 살짝 뛰며 오른발이 왼발 앞쪽으로 교차되도록 한다.
- 여성 : 약간 오른쪽으로 돌면서 상대방과 마주하고 왼발 스프링 동작을 하며 오른발 앞에 교차되도록 한다. 오른발 뒤로 미끄러지듯 빼면서 살짝 뛰며 왼발이 오른발 앞쪽으로 교차되도록 한다.

⑦ **7보~10보**

- 남성, 여성 : 3보~6보의 반복(플릭 크로스).
  (남성 : R, L, L, R 여성 : L, R, R, L)

⑧ **11보~12보**

- 남성, 여성 : 1보와 1보의 반복 ➜ 록(Rock).

(남성 : L, R 여성 : R, L)

12보에서 더블 홀드 상태의 자세에서 여성의 오른손을 잡았던 남성의 오른손을 놓아 주고 왼손으로 여성의 오른손을 잡는다. 이어지는 피겨, 예를 들어 Ⓐ 왼쪽에서 오른쪽으로 보내 줄 경우(Change of Places L to R) 11보와 12보가 Ⓐ의 1보와 1보이므로 곧바로 3보~8보로의 연결로 이어진다. 링크나 다른 피겨도 마찬가지다.

11. 뉴욕 위드 스프링 (New York wtih Spring)

이 피겨는 룸바, 차차차의 뉴욕 동작과 비교하면 된다. 똑같은 형태이나 자이브의 특성이 그대로 나타나는 것이다. 같은 형태라도 리듬의 차이에 따라 약간씩 차이가 나타난다.

율동 자체도 약간의 차이가 있고, 시작시 오픈 페이싱 포지션으로 시작을 한다.

남성은 방향선을 향하고, 여성은 방향선을 등뒤로 하여 행한다.

① 1보~8보

- 남성 : 체인지 오브 플레이스 레프트 투 라이트(Change of Places L to R)의 1보~8보를 행하면서 끝부분에서 회전을 추가하여(오버 턴) 여성과 역 P.P(C.P.P) 상태를 이루도록 한다. 역 중앙사를 향한다(L, R, L, R, L, R, L, R).
- 여성 : 역 벽사를 향하고 남성과 C.P.P 상태를 이루도록 한다(R, L, R, L, R, L, R, L).

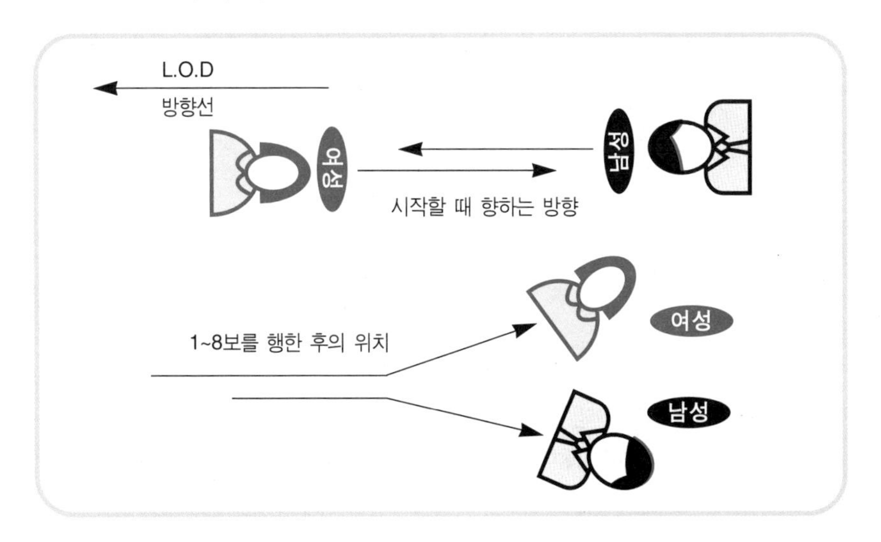

1~8보까지를 행한 후 자이브의 뉴욕 피거를 연결하면 된다. 남성은 왼손으로 여성의 오른손을 잡고 행한다.

② 9보

- 남성 : 왼발 앞으로 가볍게 스프링 동작을 행하면서 C.P.P 형태를 유지한다. 이때 뒤의 오른발은 바닥에서 살짝 들어 주고 무릎을 약간 늦춰 준다(구부린다).
- 여성 : 여성은 남성과 반대로 오른발 앞으로 가볍게 스프링 동작을 하며 C.P.P 형태 유지하고, 뒤의 왼발은 바닥에서 살짝 들어 주고 무릎을 약간 늦춰 준다(구부린다).

③ 10보

- 남성 : 오른발 뒤로 가볍게 스프링 동작. 앞쪽의 왼발은 바닥에서 살짝 들어 준다.
- 여성 : 왼발 뒤로 가볍게 스프링 동작, 앞쪽의 오른발은 바닥에서 살짝 들어 준다.

④ 11보

- 남성 : 왼쪽으로 돌면서 여성을 오른쪽으로 회전하도록 한다. 남성은 왼발로 P.P 상태를 이루고 오른발은 바닥에서 살짝 들어 준다. 남성은 벽사를 향한다.
- 여성 : 오른발로 오른쪽으로 회전한다. 중앙사 쪽을 향하도록 한다.

⑤ 12보

- 남성 : 오른발 앞으로 가볍게 스프링 동작을 행하면서 P.P인 채로 방향선을 따라서 뒤쪽의 왼발을 가볍게 바닥에서 살짝 들고 무릎을 약간 늦추어 준다.
- 여성 : 왼발 앞으로 가볍게 스프링 동작을 행하면서 P.P인 채로 방향선 따라서 뒤쪽의 오른발은 바닥에서 살짝 들어 주고 무릎은 약간 구부린다.

⑥ 13보

- 남성 : 뒤쪽의 왼발로 가볍게 스프링 동작. 앞쪽의 오른발은 바닥에서 살짝 들고 무릎을 약간 늦춘다.
- 여성 : 뒤쪽의 오른발로 가볍게 스프링 동작. 앞쪽의 왼발은 바닥에서 살짝 들고 무릎을 약간 구부린다.

⑦ 14보

- 남성 : 여성을 왼쪽으로 돌도록 오른손으로 리드하면서 남성은 오른쪽으로 돌면서 오른발 옆으로 하여 약간 비스듬히 앞으로 하여 역 P.P(C.P.P) 형태를 이룬다. 왼발은 가볍게 바닥에서 살짝 들어 주며 무릎은 약간 구부린다. 남성은 역 중앙사를 향한다(8보의 방향과 동일).
- 여성 : 오른쪽으로 돌면서 왼발 옆으로 하여 약간 비스듬히 앞으로 하여 역 P.P(C.P.P) 형태를 이룬다. 오른발은 가볍게 바닥에서 살짝 들어 주고 무릎은 약간 늦춘다. 여성은 역 벽사를 향한다(8보의 방향과 동일).

⑧ 15보

- 남성 : 왼발 앞으로 전진하며 오른쪽으로 약간의 회전을 14보에 이어 계속한다.
- 여성 : 오른발 앞으로 전진하며 왼쪽으로 약간의 회전을 계속한다.

  15보의 동작이 완료되면 남성과 여성은 왼쪽 사이드 바이 사이드 포지션(L Side-by-Side Position)을 취하게 된다.

⑨ 16보

- 남성 : 15보의 자세를 취한 채 카운트 2(리듬 2, 3)를 앞에 위치한 왼발에 체중을 얹은 채 계산한다.
- 여성 : 15보의 자세를 취한 채 카운트 2(리듬 2, 3)를 앞에 위치한 오른발에 체중을 얹은 채 계산한다.

⑩ 17보

- 남성 : 뒤쪽에 있는 오른발로 체중을 신속하게 분산 이동. 발의 앞부분(Ball)을 이용한다.
- 여성 : 뒤쪽에 있는 왼발로 체중을 신속하게 분산 이동하도록 한다. 발의 앞부분인 볼(Ball)을 이용한다.

⑪ 18보

- 남성 : 앞쪽의 왼발로 체중을 이동한다.
- 여성 : 앞쪽의 오른발로 체중을 이동한다.
  16보~18보의 동작은 브레이크(Break) 동작이 된다.

⑫ 19보~21보

- 남성 : 왼쪽으로 1/4회전하며 샤세. 오른발을 왼발에 모으면서 벽 쪽을 향하면서 여성과 마주하도록 한다. 이때 남성은 여성의 오른손을 잡았던 왼손을 놓아 주며, 여성을 오른쪽으로 회전하도록 한다.
- 여성 : 오른쪽으로 3/4회전하며 샤세. 왼발을 오른발에 모으고, 오른발은 계속 돌면서 샤세. 이때 여성은 중앙 쪽을 향하고 남성과 마주 향하도록 한다. 여성은 회전할 때 양팔의 원심력을 이용하는 것도 수월하게 회전할 수 있는 요령일 것이다.
  여성의 회전이 끝날 무렵 남성은 여성의 오른손을 왼손으로 잡아 오픈 페이싱 포지션을 취한 후 다른 피겨로 연결하면 될 것이다.

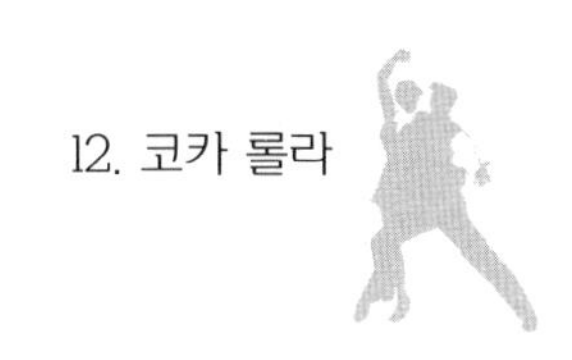

12. 코카 롤라 (Coca Rola)

이 피겨의 시작은 오픈 페이싱 포지션으로 방향선을 향한 채 시작하도록 한다.

흔히 다이아몬드 스텝으로 통용되기도 하는 것이다.

흥겹게 발을 비비며 허리를 뒤틀며 히프를 흔들어 대는 바로 그것이다. 이제는 정확하게 그 방법을 알아서 멋있게 그리고 즐겁게 구사하기 바란다.

① **1보~2보**

- 남성 : 링크의 1보와 2보(L, R).
- 여성 : 링크의 1보와 2보(R, L).

② **3보~5보 :** 이 피겨에서 매우 중요한 부분이다. 남성은 3보~5보 사이에 발 교환(Foot Change)을 하게 된다. 남성은 리듬이 '3a4' 인 상태에서 3보의 왼발에 '3a' 를 사용하고 4에서 오른발을 사용하여 여성의 발 R(3보), L(4보), R(5보), 5보의 오른발과 똑같이 하여(발을 같도록 하여) 발 교환을 한다.

남성의 발 교환하는 방법

남성은 2보의 오른발에서 오른쪽으로 1/4회전을 하면서 3보의 왼발을 오른발에 모으도록 한다.

이때 남성은 여성이 전진하며 3보 행하도록 하는데, 리듬 'a' 의 4보에서 여성의 오른손을 잡았던 남성의 왼손을 놓아 주도록 한다.

여성은 3보(오른발), 4보(왼발), 5보(오른발).

여성은 3보와 4보에서 남성의 앞쪽을 지나고, 5보에서 남성의 오른편 옆쪽에 서게 되는데, 여성이 5보에서 오른발을 옆으로 하여 약간 뒤쪽으로 위치하게 되면 남성과 자연스럽게 오른쪽 사이드 바이 사이드 포지션(R Side-by-Side Position)이 된다.

이제 남성과 여성은 똑같이 벽 쪽을 향하게 된다. 남성도 발 교환을 하여 5보까지 끝냈고, 여성도 오른발로 3~5보 샤세를 하여 끝냈다.

이제부터 이어지는 6보부터는 남성과 여성이 똑같이 왼발로 시작을 하게 되는데, 6보~13보가 '코카 롤라(Coca Rola)'를 하게 된다.

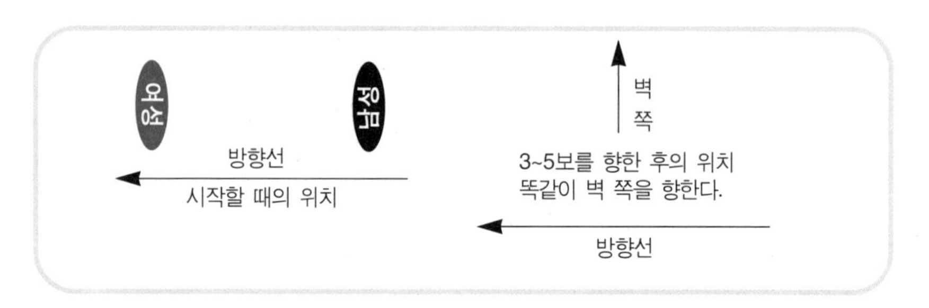

③ **6보**: 남성, 여성 같이 오른쪽에 있던 오른발 오른쪽을 약간 비비는 동작인 스위블(Swivel)을 하고, 왼발을 오른발 앞에 느슨하게(약하게) 교차하여 앞에 위치하도록 한다.

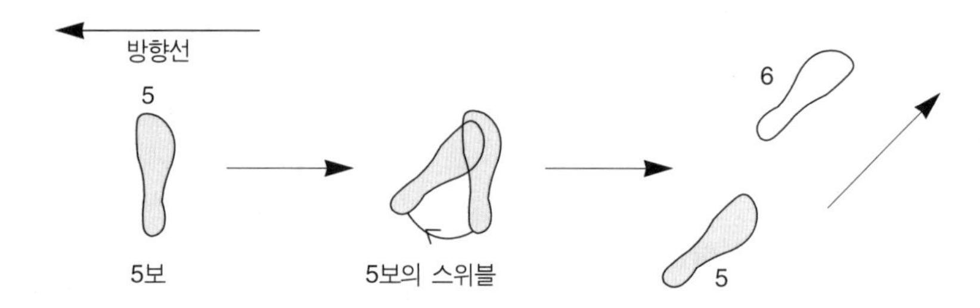

④ **7보**: 남성, 여성 공통. 왼발을 왼쪽으로 약하게 스위블(발 앞부분으로 비비고)하고, 오른발을 뒤쪽으로 위치하도록 한다.

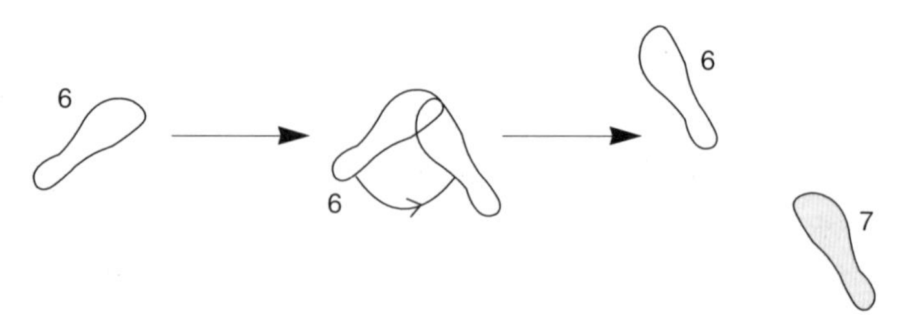

⑤ **8보:** 남성, 여성 공통. 오른발 약하게 오른쪽으로 스위블하고, 왼발 옆으로 위치하도록 한다.

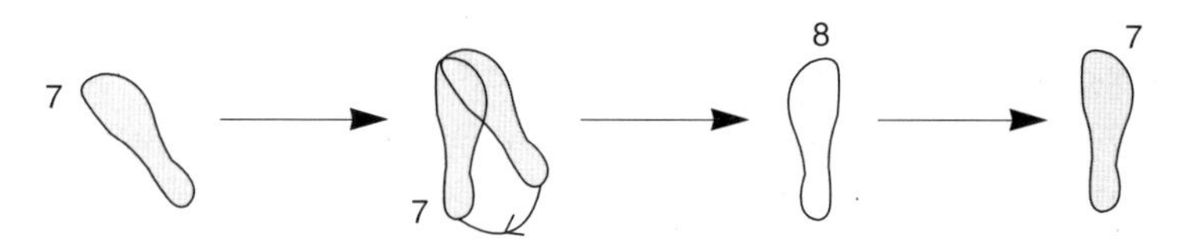

⑥ **9보:** 남성, 여성 공통. 왼발 왼쪽으로 약하게 스위블(Swivel)하고, 오른발을 왼발 앞으로 약하게 가로질러 나아간다.

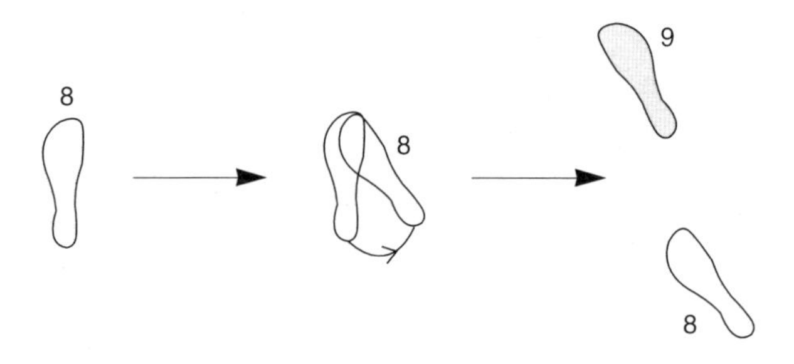

3보에서부터 9보까지의 과정을 도표로 연결하여 보자. 다이아몬드의 형상을 연상하여 보자. 정확한 그 모습이 나타날 것이다.

⑦ **10보~13보:** 남성, 여성 공용. 6보~9보까지의 반복(L, R, L, R).

⑧ **14보~19보**

- 남성 : 왼발, 오른발에 모으며 제자리에서 샤세 2회. 여성 왼쪽으로 돌아 남성과 마주하도록 리드(L, R, L, R, L, R).
- 여성 : 왼쪽으로 돌며 왼발 앞으로 벽사를 향한다(리듬 : 1).
  왼쪽으로 계속 돌며 오른발 뒤로 하여 비스듬히 옆으로 한다. 이때 여성은 벽 쪽을 등뒤로 하고, 남성과 정면으로 향한다(리듬 : 2).
  뒤로 비스듬히 샤세(L, R, L)(리듬 : 3&4).

전반부 3~5보에서 남성의 발 교환(Foot Change)이 이루어지며, 여성과 발을 같이 하였고 진행이 같이 이루어졌다. 후반부 14~19보에서는 여성의 발 교환(Foot Change)이 이루어지며, 남성, 여성 각자 본래의 스텝을 행하면서 피겨의 연결이 이어진다.

이로써 남성은 여성과 오픈 페이싱 포지션을 이루고, 남성의 왼손으로 여성의 오른손을 잡고 다른 피겨로 연결이 진행된다.

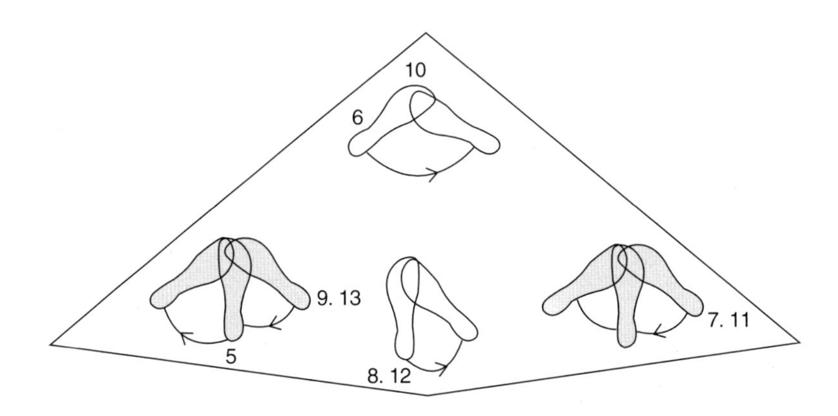

부록

스텝 · 리듬 · 카운트 색인표

1

2

3a4

3a4

Q

Q

QaQ

QaQ

초급(Bronze)

① 폴 어웨이 록(Fall Away Rock)

스텝 : 1보~8보 남성, 여성 공용
카운트 : 1. 2. 3a4. 3a4
리듬 : Q. Q. QaQ. QaQ

② 폴 어웨이 스로어웨이(Fall Away Throwaway)

스텝 : 1보~8보 남성, 여성 공용
카운트 : 1. 2. 3a4. 3a4
리듬 : Q. Q. QaQ. QaQ

③ 링크(Link)

스텝 : 1보~5보 남성, 여성 공용
카운트 : 1. 2. 3a4
스텝 : 1보~8보
카운트 : 1. 2. 3a4. 3a4

④ 체인지 오브 플레이스 라이트 투 레프트 (Change of Places R to L)

스텝 : 1보~8보 남성, 여성 공용
카운트 : 1. 2. 3a4. 3a4

⑤ 체인지 오브 플레이스 레프트 투 라이트 (Change of Places L to R)

스텝 : 1보~8보 남성, 여성 공용
카운트 : 1. 2. 3a4. 3a4

⑥ 체인지 오브 핸즈 비하인드 백 (Change of Hands behind Back)

스텝 : 1보~8보 남성, 여성 공용
카운트 : 1. 2. 3a4. 3a4

⑦ 아메리칸 스핀(American Spin)

스텝 : 1보~8보 남성, 여성 공용
카운트 : 1. 2. 3a4. 3a4

⑧ 프롬나드 워크(Promenade Walk)

스텝 : 1보~8보 남성, 여성 공용
카운트 : 1. 2. 3a4. 3a4

스텝 : 1보~18보
카운트 : 1. 2. 3a4. 3a4. 1. 2. 3. 4. 3a4. 3a4

⑨ 윕(Whip)

스텝 :1 보~5보 남성, 여성 공용
카운트 : 1. 2. 3a4

스텝 : 1보~2보
카운트 : 1. 2

중급(Silver)

① 윕 스로어웨이(Whip Throwaway)

스텝 : 1보~5보 남성, 여성 공용
카운트 : 1. 2. 3a4

② 스톱 앤 고(Stop & Go)

스텝 : 1보~10보 남성, 여성 공용
카운트 : 1. 2. 3a4. 1. 2. 3a4

③ 윈드밀(Windmill)

스텝 : 1보~8보 남성, 여성 공용
카운트 : 1. 2. 3a4. 3a4
리듬 : Q. Q. QaQ. QaQ

④ 스패니시 암(Spanish Arm)

스텝 : 1보~8보 남성, 여성 공용
카운트 : 1. 2. 3a4. 3a4
리듬 : Q. Q. QaQ. QaQ

⑤ 롤링 오프 디 암(Rolling Off the Arm)

스텝 : 1보~10보 남성, 여성 공용
카운트 : 1. 2. 3a4. 1. 2. 3a4
리듬 : QQ. QaQ. QQ. QaQ

상급 (Gold)

① 심플 스핀(Simple Spin)

스텝 : 1보~2보 남성, 여성 공용
카운트 : 1. 2
리듬 : QQ

② 치킨 워크(Chicken Walk)

스텝 : 1보~4보 남성, 여성 공용
카운트 : 1. 2. 3. 4
리듬 : Q. Q. Q. Q

③ 컬리 윕(Curly Whip)

스텝 : 1보~5보 남성, 여성 공용
카운트 : 1. 2. 3a4
리듬 : Q. Q. QaQ

④ 토 힐 스위블(Toe Heel Swivel)

스텝 : 1보~6보 남성, 여성 공용
카운트 : 1. 2. 3. 4. 5. 6
리듬 : Q. Q. Q. Q. Q. Q

⑤ 플릭 인투 브레이크(Flick into Break)

스텝 : 1보~20보 남성, 여성 공용
카운트 : 1. 2. 3. 4. 5. 6. 7. 8
1. 2. 3. 4. 5. 6. 7. 8
1. 2. 3a4
리듬 : Q. Q. Q. Q. Q. Q. Q. Q
Q. Q. Q. Q. Q. Q. Q. Q
Q. Q. QaQ

응용(Variation)

① 섀도 스토킹 워크(Shadow Stalking Walk)

스텝 : 1보~21보

스텝 : 1보~7보
카운트 : (남성) 1. 2. 3. 4. 1. 2
(여성) 1. 2. 3a4. 1. 2
리듬 : (남성) Q. Q. Q. Q. Q. Q
(여성) Q. Q. QaQ. Q. Q

스텝 : 8보~15보
카운트 : (남성 · 여성) 1. 2. 3. 4, 1. 2. 3. 4
리듬 : (남성 · 여성) Q. Q. Q. Q, Q. Q. Q. Q

스텝 : 16보~21보
카운트 : (남성) 1a2. 3a4
(여성) 1. 2. 3a4
리듬 : (남성) QaQ. QaQ
(여성) Q. Q. QaQ

② 무치(Mooch)

스텝 : 1보~28보 남성, 여성 공용
카운트 : 1. 2. 3. 4, 1. 2. 3. 4, 1a2. 3. 4
1. 2. 3. 4, 1. 2. 3a4, 1. 2. 3. 4, 1. 2
리듬 : Q. Q. Q. Q, Q. Q. Q. Q, QaQ, Q. Q
Q. Q. Q. Q, Q. Q. QaQ. Q. Q. Q. Q. Q. Q

③ 플리 홉(Flea Hop)

스텝 : 1~12보 남성, 여성 공용
카운트 : a1. a2. a3. a4. a1. a2
리듬 : aQ. aQ. aQ. aQ. aQ. aQ

④ 엔딩 투 스톱 앤 고(Ending to Stop & Go)

스텝 : 1~12보 남성, 여성 공용
카운트 : 1. 2, 3a4, 1. 2, 1. 2, 1. 2
리듬 : Q. Q, QaQ, Q. Q, Q. Q, QaQ

⑤ 숄더 스핀(Shoulder Spin)

스텝 : 1~16보 남성, 여성 공용
카운트 : 1. 2, 3a4, 3a4, 1. 2, 3a4, 3a4
리듬 : Q. Q, QaQ, QaQ, Q. Q, QaQ, QaQ

⑥ 캐터펄트(Catapult)

스텝 : 1~16보 남성, 여성 공용
카운트 : 1. 2, 3a4, 3a4, 1. 2, 3a4, 3a4
리듬 : Q. Q, QaQ, QaQ, Q. Q, QaQ, QaQ

⑦ 처깅(Chugging)

스텝 : 1~20보 남성, 여성 공용
카운트 : 1. 2, 3a4, 3a4, 3a4, 3a4, 3a4, 3a4
리듬 : Q. Q, QaQ, QaQ, QaQ, QaQ, QaQ, QaQ

⑧ 윕 스핀(Whip Spin)

스텝 : 1~22보 남성, 여성 공용
카운트 : 1. 2, 3a4, 1. 2, 3a4
리듬 : Q. Q, QaQ, Q. Q, QaQ
QaQ, QaQ, QaQ, QaQ

⑨ 로터리 지그재그(Rotary Zigzag)

스텝 : 1~12보 남성, 여성 공용
카운트 : 1. 2. 3. 4, 1. 2. 3. 4, 1. 2. 3. 4
리듬 : Q. Q. Q. Q, Q. Q. Q. Q, Q. Q. Q. Q

⑩ 플릭 크로스(Flick Cross)

스텝 : 1~12보 남성, 여성 공용
카운트 : 1. 2. 3. 4, 1. 2. 3. 4, 1. 2. 3. 4
리듬 : Q. Q. Q. Q, Q. Q. Q. Q, Q. Q. Q. Q

⑪ 뉴욕 위드 스프링(New York with Spring)

스텝 : 1~21보 남성, 여성 공용
카운트 : 1. 2. 3a4, 3a4, 1. 2. 3. 4. 5. 6
리듬 : Q. Q, QaQ, QaQ, Q. Q. Q. Q. Q. Q
Q. Q, QaQ, QaQ

⑫ 코카 롤라(Coca Rola)

전체 스텝 : 1~19보

스텝 : 1~5보
카운트 : (남성) 1. 2. 3. 4
(여성) 1. 2. 3a4
리듬 : (남성) Q. Q. Q. Q
(여성) Q. Q. QaQ

스텝 : 6~13보
카운트 : 1. 2. 3. 4, 1. 2. 3. 4
리듬 : Q. Q. Q. Q, Q. Q. Q. Q

스텝 : 14~19보
카운트 : (남성) 3a4, 3a4
(여성) 1. 2. 3a4
리듬 : (남성) QaQ, QaQ
(여성) Q. Q. QaQ

스포츠댄스 (자이브편)

2019년 5월 30일 발행

지은이 * 한명호

펴낸이 * 남병덕

펴낸곳 * 전원문화사

07689 서울시 강서구 화곡로 43가길 30 . 2층
T.02)6735-2100 F.6735-2103

등록 * 1999년 11월 16일 제 1999-053호

값 13,000원